新时代智库出版的领跑者

国家智库报告 2023（36）
National Think Tank

经　济

农业现代化的农垦改革之路

李钢　熊昭　秦宇　梁泳梅　袁华锡　等著

THE ROAD OF AGRICULTURAL RECLAMATION
REFORM FOR AGRICULTURAL MODERNIZATION

中国社会科学出版社

图书在版编目（CIP）数据

农业现代化的农垦改革之路 / 李钢等著 . —北京：中国社会科学出版社，
2023.10
（国家智库报告）
ISBN 978 – 7 – 5227 – 2679 – 3

Ⅰ. ①农… Ⅱ. ①李… Ⅲ. ①农垦—经济体制改革—研究—中国
Ⅳ. ①F324.1

中国国家版本馆 CIP 数据核字（2023）第 199178 号

出 版 人	赵剑英	
责任编辑	周 佳	魏厚宾
责任校对	郝阳洋	
责任印制	李寡寡	

出 版	中国社会科学出版社
社 址	北京鼓楼西大街甲 158 号
邮 编	100720
网 址	http://www.csspw.cn
发 行 部	010 – 84083685
门 市 部	010 – 84029450
经 销	新华书店及其他书店

印刷装订	北京君升印刷有限公司
版 次	2023 年 10 月第 1 版
印 次	2023 年 10 月第 1 次印刷

开 本	787×1092 1/16
印 张	8.25
插 页	2
字 数	101 千字
定 价	49.00 元

摘要： 本书基于对甘肃农垦所属企业调研，对以甘肃农垦为代表的国有农业企业成功做法进行了初步总结。国有农业企业通过不断培育主导产业，并延长产业链，将增值环节尽可能留在农垦，提升了自身的经济效益；国有农场农业技术应用和研发都处于较高水准；在生态文明建设上国有农场走在了前列；国有农场在促进共同富裕，促进乡村振兴方面做了大量工作。

以甘肃农垦为代表的国有农业企业取得成绩的重要原因是根据实际情况不断强化统一经营。为进一步利用国有农场促进中国式农业现代化需要协调好农业的长周期性和短期的经营决策，因而应加强针对国有农业企业改革方向的战略性研究，做好顶层设计；设计经营管理机制时，必须要处理好理论逻辑、历史逻辑和实践逻辑的统一；实践中，不能"一刀切"，须根据各地的实际情况处理好政策统一与因地制宜的关系；强化对国有农业企业社会化服务功能的考核；不断探索国有农场带动当地实现包容性绿色发展的具体模式。

关键词： 农业现代化；乡村振兴；国有农业企业；农垦

Abstract:This book summarizes the successful practices of state-owned agricultural enterprises represented by Gansu State Farm based on the investigation of enterprises affiliated to Gansu State Farm. By cultivating leading industries and extending the industrial chain, the state-owned agricultural enterprises keep the value-added link in the land reclamation as much as possible, and improve their own economic benefits. Agricultural technology application and research and development of state-owned farms are at a high level. As to the construction of ecological civilization, state-owned farms are at the forefront. State-owned farms also have done a lot of work in promoting common prosperity and promoting rural revitalization. Meanwhile, the important reason for the achievements of the state-owned agricultural enterprises represented by Gansu State Farm is to strengthen the unified management according to the actual situation. Therefore, in order to make the most of state-owned farms to promote the modernization of Chinese agriculture, it is necessary to coordinate the long-term cyclical and short-term management decisions of agriculture. At first, strategic research should be strengthened on the reform direction of state-owned agricultural enterprises with a good top-level design. Then,

when dealing with the management mechanism, the
unification of theoretical logic, historical logic and practical
logic should be handled properly. In practice, it is necessary
to deal with the relationship between policy unification and
local measures according to the actual conditions of different
places. Moreover, the assessment of the socialized service
function of state-owned agricultural enterprises should also be
strengthened. At last, the specific models for state-owned
farms to drive inclusive green development in local areas
need to be continuously explored.

Key Words: Agricultural modernization; Rural revitali-
zation; State-owned agricultural enterprises; Agricultural
reclamation

目　　录

一 以国有农场为抓手,推进中国式农业现代化

《中共中央　国务院关于进一步推进农垦改革发展的意见》指出,农垦是国有农业经济的骨干和代表,是推进中国特色新型农业现代化的重要力量。为发展壮大农垦事业,充分发挥农垦在农业现代化建设中的重要作用,党中央和国务院提出了一系列改革举措与意见。甘肃农垦集团积极响应国家方针号召并顺应时代发展潮流,按照新时期农垦改革发展的总体要求,逐步深化农垦管理体制和经营机制改革,不断加快推进农垦现代农业发展,已取得初步成效。

2021年10月,中国社会科学院工业经济研究所调研组前往江苏农垦调研,江苏农垦"五统一"做法和经验得到了充分肯定,但调研组也有疑虑,作为中国经济最为发达的省份之一,江苏农垦的实践经验能否

供其他地区借鉴？2023 年 4 月，调研组在甘肃农垦走访了其所属的五家农场和一家专业化公司（亚盛股份）。这五家农场分别是条山农场、黄羊河农场、黑土洼农场、金昌农场和勤锋农场。其中，条山农场和黄羊河农场情况较好；黑土洼农场和金昌农场情况属于中等水平；勤锋农场位于民勤县，近两年刚刚扭亏为盈，在甘肃农垦排名靠后。除了农场，甘肃农垦还有一些牧场，这些牧场主要集中于甘肃西部，近两年由于肉类价格下跌的问题，牧场经营绩效低迷。此外，甘肃农垦还有三家上市公司，分别是亚盛股份、莫高股份和庄园牧场。亚盛股份是集农作物种植、农产品加工、农业技术研发、农业服务、商贸流通为一体的大型现代农业企业集团，主要生产经营牧草、啤酒花、马铃薯、果品、辣椒、玉米种子、香辛料、食葵等农产品及节水灌溉设备；莫高股份主要有葡萄酒、环保新材料和药品三大产业，葡萄酒为主业，形成葡萄种植、酿造生产、市场销售为一体的完整产业链，目前莫高葡萄酒品牌价值超过 200 亿元；庄园牧场是甘肃农垦集团 2021 年收购的民营上市公司，是集奶牛养殖、技术研发、乳品加工销售为一体的专业化乳制品生产制造企业。这次甘肃农垦调研的过程中，调研组了解了甘肃农垦的经营状况。原以为作为中国人均

GDP 最低的省份，甘肃农垦的经营业绩并不突出，思想应该比较保守；但是，通过本次调研，调研组认为甘肃农垦的很多经营理念与做法都值得各地农垦企业学习借鉴。

（一）甘肃农垦改革发展实践

第一，培育主导产业。无论是集团公司还是农场，甘肃农垦都在不断培育主导产业；相继培育壮大了种业、葡萄酒、马铃薯、甜糯玉米、食葵、辣椒、啤酒花等产品从田间到餐桌的全产业链龙头企业。例如，受当地气候和土壤等自然条件影响，玉米和马铃薯已成为甘肃农垦的主导产业。玉米制种推进现代农业发展，带动职工及周边农民增收；马铃薯因其生长周期相对较短、品质较好，相对于小麦用水量少，也已成为特色优势产业；另外，还有高原娃娃菜和药材等种植基地。

第二，延长产业链，将增值环节留在农垦。甘肃农垦黄羊河农场与美国乐事公司合作，针对马铃薯种植成立合作公司，农场每年增收三四千万元，该模式正是响应中央倡导的强化产业链的理念。甘肃农垦的成功实践验证了该模式的有效性与可行性，这让调研组看到甘肃农垦在培育主导产业上的决心和成果。为了延长主导产业全产业链，甘肃农垦于 2021 年收购了民营企业庄园牧场，完成了甘肃省首例落地的国资并购民营上市公司项目。通过并购，甘肃农垦集团立足奶制品终端市场销售，将从产业链协同效应出发，持续推动相关农场加快统一经营步伐，调整优化自有耕地和流转耕地的种植结构，扩大牧草种植面积，壮大奶牛养殖规模。甘肃农垦集团在打造出国内最大的高产优质苜蓿草生产企业的同时，为庄园牧场提供充足的高品质饲草料，实现了从种植到养殖、从加工到销售的全产业链发展，既促进了集团种植业高质量发展，又提升了集团奶业发展水平和综合抗风险能力。

第三，农业技术应用和研发水平处于较高水准。调研组发现，甘肃农垦十分注重科技创新促进产业技术水平的提升。其下的科技公司和研究院通过标准化种植技术、种子研发和节水等技术提高经济效益与生产技术水平，在特种药物的机械化上取得重大突破，如甘肃农垦金昌农场与武汉某大学合作共同研发了割浆机器人。

第四，生态文明建设走在前列。与同类型农业企业相比，甘肃农垦一直面临水资源匮乏等不利因素，因此其从各方面加大节水技术研发，从而促进节水灌溉技术的革新，包括滴灌和喷灌技术，以及水肥一体化等。在勤锋农场，调研组发现该农场地膜可以使用两年，不仅降低了种植成本，也有利于降低资源投入量。可以说，甘肃农垦非常注重利用科技创新提高经济效益，并推动绿色发展。

第五，促进共同富裕。其一，先进种植技术与品种对当地农户有一定带动作用。其二，农场大量用工需求一方面促进了当地农民就业，另一方面拓宽了农民的增收渠道，不断增加收入。其三，农业基础设施（如冷库）对当地产业可持续发展有支撑作用。

（二）从甘肃农垦看国有农业企业统一经营的经验

甘肃农垦注重统一经营。虽然甘肃农垦的土地还有一些是职工自己种，或者是外来人员承包，但甘肃农垦不断提升统一经营的程度。调研组发现，注重统一经营的农场经济效益通常更好。如黄羊河农场就是一个成功案例，其统一经营程度在甘肃农垦中最高，经济效益也是最好。

随着农业经济效益的提高，人们对土地经营的积极性也在提高；统一经营程度的提高可进一步使企业发挥好自己的品牌作用。每年黄羊河农场在种植前就明确销售渠道。例如，农场与美国乐事公司合作种植马铃薯，乐事公司需每年支付一定的租金，大约每亩1000元，总计约为2.5万亩，并与乐事公司成立合作公司，负责马铃薯种植；成本由乐事公司和黄羊河农场各承担一半。如果该年度种植情况与经济效益较好，农场可与乐事公司分成。因而，基于与乐事公司合作的黄羊河农场在马铃薯统一经营方面具有成功的经验，对其经济效益不断提升有较大帮助。除马铃薯之外，黄羊河农场还拥有食品公司，对外销售鲜食玉米，并成功签约麦当劳，成为该品牌玉米粒的中国供货商。调研组在调研中发现，农场的每一种产业，无论是辣椒、玉米还是马铃薯，都有较好收益。全国各地农垦企业都有各自的优势与不足，但发展较好的农场的共同之处在于其能抓住市场机遇，找到稳定的销售渠道，以市场作为促进其统一经营的抓手，确保长期的收益。

为什么统一经营后就更加有可能找到乐事公司这样的大公司合作，从而在降低市场风险的同时，还能提高自己的经济效益？原因当然是多方面的，但其中一个关键农业技术问题是轮作，也就是不同的作物需要在不同的土地上轮换种植。以黄羊河农场与乐事公司的合作为例，黄羊河农场拥有大约10万亩的土地，每年与乐事公司合作种植的马铃薯分属在不同地块上，同一地块根据种植的作物（玉米、马铃薯或辣椒）进行轮换。若没有实现统一经营，乐事公司很难协调与众多农户的关系，并进行技术指导，最终导致产品质量无法保证。农场与乐事公司的合作，需要得到种植职工的同意，需要每年与实际种植者进行协调。由于黄羊河农场抓住了市场销售这一关键环节，不仅每年经营风险小、经济效益高，而且在协调内部的经营主体时也较为容易。使经营主体认同并按其指挥运转的还有勤锋农场，原来基本没有统一经营，并处于亏损状态，近两年该农场已有近 4000 亩地实行统一经营，使其扭亏为盈。总体来看，统一经营程度越高的农场，效益越好。

当然，甘肃农垦能不断提高统一经营的程度，也与甘肃农垦强调改革永远在路上有关。调研中，调研组被甘肃农垦不断改革的精神感动。甘肃农垦自 20 世纪 80 年代起就开始了改革，并一直不断调整适应市场变化。甘肃农垦的干部基本上都已经按照企业化的方式进行了身份转换，这使得甘肃农垦在应对市场变化时更具灵活性和主动性。由于较早完成了企业改制工作，甘肃农垦的干部精神饱满、积极向上，在面对困难时展现出坚忍不拔的精神，积极进行改革，寻求出路。尽管甘肃农垦的自然条件并不优越，土地资源也相对有限，当地的经济条件并不好，但甘肃农垦在争取资源和实施策略上都展现出较高的主动性和智慧。即使是在经营效益不太好的农场，比如勤锋农场，其负责人也在积极思考如何改善条件，争取更多的资源，以提升工作效率。地处高海拔地区的黑土洼农垦每年仍然能实现上千万的利润，这令调研组中的老农垦人都十分惊叹。

（三）国有农场发展中存在的问题

1. 如何因地制宜，平衡经济效益和农垦的四大使命

2015 年 11 月 27 日，《中共中央　国务院关于进一步推进农垦改革发展的意见》提出，农垦是保障国家粮食安全和重要农产品有效供给的国家队，是中国特色新型农业现代化的示范区；农垦是农业对外合作的排头兵，是安边固疆的稳定器。农垦是农业企业，必须要做到能自我发展。农垦如何在完成中央交给的四大使命的同时，又能保持良好的经济效益？在甘肃，国有企业最重要的考核指标就是经济效益，如何平衡经济效益和国有企业的使命？不根据各地实际，简单

按国家有关部委要求层层分解任务指标，会存在不少的问题。比如在甘肃，限于自然地理条件，甘肃农垦更适合种植马铃薯和辣椒，而不是小麦。然而在考核制度中，马铃薯并不被计入粮食安全考核指标，而是强制要求种植小麦，而小麦的种植又需要大量的水资源，对于甘肃西部地区不仅资源条件难以支持，经济效益也不好。

2. 任期制和农业长效机制之间的矛盾

目前国有企业负责人都是任期制，若能长期任职，对企业的长远发展是比较有利的。但实际任期往往较短，造成政策延续性不强，往往影响企业的长远发展。这个问题，不仅农垦企业可能面临，其他国有企业也可能面临，但在农业企业中尤为明显，因为农业往往需要更长的投入时间才能看到明显效果。企业领导的任期往往较短，大都只有 3 年或者 5 年，所以有时候会看到前任领导栽下的"树"却是由后任领导来"乘凉"，这种情况在农业企业中尤为常见。在最近几年的调研中，调研组了解到有的农场种植了果树，新的领导班子就任后，便将即将挂果的果树砍掉，转而进行其他的农业活动。农业往往需要以年为单位的投入才能进入收获期，而领导的任期相对较短，这两者之间的矛盾如何解决?

3. 如何处理社会稳定与经济发展的关系

20 世纪八九十年代,由于农业经营效益不好,再加上囿于当时的经济技术水平,农场为了稳定生产,让职工承包土地,有的农场让干部带头多承包,目前大部分农垦都形成了以职工家庭农场为基础的双层经营体制。在农业景气度提升与经济技术水平变化的双重影响下,相当多的农场看到了统一经营的好处,倾向于加大统一经营力度。如何处理好职工利益与农场可持续发展的关系是目前很多农场面临的问题。另外,同时期相当多的农场还引进了外来务工人员,他们有的在农场工作了近 40 年。例如,甘肃农垦勤锋农场当时为了有足够的人种地,在 20 世纪 80 年代接收近 800 人的水库移民。这些人并不是农场职工,也没有职工相应的社会保障。勤锋农场有统一经营的动力,但如何正确协调与这些移民的利益关系,才能在保证社会稳定的同时,实现更好的经济效益?不仅甘肃农垦有这一问题,其他地区的大部分农垦在不同程度上也有类似的问题。在经济欠发达地区,职工子女往往没有更好的就业渠道,也希望通过承包土地来获得稳定的经济来源,这使得处理此类问题的难度更大。

（四）国有农场未来发展的思考与建议

总的来说，农垦系统面临着诸多问题，包括领导任期与农业长效机制的冲突，经济效益与四大使命的协调，经营管理机制的改革，以及如何处理职工和外来人员的问题等。解决这些问题需要综合考虑各方面的因素，以实现农垦系统的稳定和可持续发展。

第一，协调好农业的长周期性和短期的经营决策，加强针对农垦改革方向的战略性研究，做好顶层设计。在经济学中，常常通过蛛网模型分析农业，因为农业是一个长周期行业，每年都有波动，且长期存在周期性。有些年份特别好，但可能过了几年，形势就完全不同了。我们在过去解决农垦经营困难时所采取的措施，如承包经营、职工包地等，已经变成现在问题的源头。因为农业经济周期发生了变化，国家的农业政策也有所调整。

第二，建立完善经营管理机制，处理好理论逻辑、历史逻辑和实践逻辑之间的关系。理论逻辑主要解决的是应然的问题，也就是应该如何去做。要坚定不移落实两个"毫不动摇"，坚决维护国有企业和民营企业的协调发展。因而，我们需要准确把握未来农业的发展方向。实践逻辑和历史逻辑也同样重要。比如，考虑到部分外来务工人员在农场工作二三十年，不能"一刀切"地简单依据法律不再让这些人员承包土地。既要做到合法，也要做到合情合理。

第三，协调政策统一与因地制宜的关系，杜绝"一刀切"。在一些外来人口较少、市场经济相对发达的地方，比如安徽，简单按法律法规清退外来承包人员，提升统一经营程度，这样做或许可行。但甘肃农垦不能像安徽农垦一样处理外来人员，否则可能引起社会的不稳定。需要结合中国的具体情况，尤其是每个农垦区的具体情况制定具体政策。中央政府和国务院出台的政策原则性越强越好，让各地方根据自己的实际情况制定更具体的措施，让各个农场的负责人有主动工作的动力。总的来说，我们应该给农垦一个方向，然后让各农垦根据本地的实际情况来决定具体路径。

第四，强化对农垦企业社会化服务功能的考核。1959 年 4 月 29 日，毛泽东同志就机械化等六个问题写了一篇《党内通信》，提出"农业的根本出路在于机械化"的著名论断，为我国农业发展之路指明了方向。目前全国农垦企业的机械化程度已经很高，下一步农垦不仅要提升自身机械化程度，还要积极开展对周边农户的机械化服务。这样做不仅可以降低自身机械化的成本，还可以解决周边农户机械化问题，解决"谁来种地"的难题。甘肃农垦条山农场在自己冷库有富余能力的情况下，也积极为当地水果种植户提供服务，使果农在丰年有一个好收入。黄羊河农场周边农民跟随黄羊河农场种植马铃薯，已经形成事实上的"技术溢出"。下一步农场应主动利用自己的技术优势，提供农技服务，带动农户增收。农垦企业社会化服务不仅应成为其考核的指标，国家也应出台相关政策，对其进行鼓励与支持。

第五，带动当地不断探索包容性绿色发展道路。目前农业的面源污染及大量使用农药、化肥所带来的高排放已经成为中国绿色发展的难题。在有些地区，农业的高强度用水也是地区可持续发展的难题。由于水资源的缺乏，甘肃农垦十分注意节水技术，大量农田都在使用节水滴灌技术，甚至黄羊河农场还建立生产滴灌设施的工厂。农场农业技术水平较高，可以根据当地的自然条件，选择更加合适的农作物进行种植。黄羊河农场选择种植马铃薯，不仅比种小麦效益好，而且能节水。农场还完善了水肥一体化技术，精准施肥，减少化肥的使用量。农场农作物选择及其标准化的种植技术也被当地农户学习，对当地生态可持续发展产生了积极影响。

第六，处理好国有农场土地资产化与证券化利弊。目前全国国有农场土地确权工作基本完成，土地（特别是耕地）是国有农场事实上最重要的资产，因而相关领域的理论与实践工作者积极探索土地资产化与证券化的路径。江苏农垦和甘肃农垦在土地经营模式方面有所不同：江苏农垦土地资产在集团公司，集团公司将土地通过长期租赁合同交给集团控股的上市公司经营；而甘肃农垦的部分土地资产在改革发展过程中通过定向增发、资产置换等形式入组到集团控股的上市公司亚盛集团中。调研组认为，在目前情况下，应该严格控制土地资产化与证券化，不鼓励国有农场将土地抵押贷款、入股等资产化与证券化的方式，以防国有农地的流失。

二　贯彻新发展理念，探索 农垦改制新路径

——农垦条山农工商集团调研报告

　　甘肃条山农工商集团（原甘肃省国营条山农场，以下简称"条山集团"）始建于 1972 年，1997 年完成公司制改革，隶属于甘肃省农垦集团有限责任公司，现占地面积近 10 万亩，其中耕种经营面积 7 万亩；资产总额为 13.63 亿元，负债总额为 9.37 亿元，资产负债率为 67%；辖区总人口为 1.2 万人，现有在岗职工 693 人，拥有包括博士、硕士学历及跨世纪学术带头人、高级工程师、高级经济师、高级农艺师在内的 300 余名科技人才队伍；主导产业和作物有林果、马铃薯和蔬菜等，其中 5 个农产品获得绿色食品认证；拥有甘肃省著名商标 4 件、甘肃省名牌产品 1 件、中国驰名商标 1 件。公司被认定为国家 A 级绿色食品果品生产基地、国家级绿色农业示范区建设单位、国家级生

态农场、农业部无公害农产品示范基地农场、全国农业标准化示范农场、全国绿色食品示范企业、全国农垦农机标准化示范农场、全国农垦现代农业示范区、甘肃省农业产业化重点龙头企业、甘肃省首批现代农业示范区。

目前，公司为职工缴纳的社会保险有养老、医疗（含生育）、失业、工伤四种，缴费基数为上年全省城镇职工可支配收入的 100%；缴纳比例为企业 24.1%（养老保险 16%、医疗保险 6.5%、失业保险 0.7%、工伤保险 0.9%），职工个人 10.3%（养老保险 8%、医疗保险 2%、失业保险 0.3%）；同时，从 2023 年 1 月起为职工缴纳住房公积金，按照《甘肃省住房公积金管理条例》规定，缴纳比例为企业 6%、职工个人 6%，缴费基数采用同期个人社会保险缴费基数。根据《劳动法》《劳动合同法》的有关规定，结合企业实际，公司实行全员合同管理，公司与所有职工均签订了劳动合同，根据行业特点，职工劳动合同期限设定为 1 年，期满续签。

（一）新时代国有农场改制的方向探索

以农垦体制演变的历史为镜鉴，农垦体制建立及其改革历程表明，农垦的军事职能逐渐淡化，农业本质日益凸显。进入新时代以来，发展的平衡性和充分性问题凸显，农垦领域企业化、集团化、股份化的趋势不断增强，"政""企""社"三方职能矛盾和权责界限模糊问题，要求国有农场改革应当以"兼顾特殊性"和"适用普遍性"为原则，将新发展理念融入新时代国有农场改革之中。兼顾特殊性，从农业的本质出发，以发展农业生产力为第一目标，增强国有农场技术实力，提升其为国家农业安全服务的能力；适用普遍性，国有农场同样作为市场竞争主体，遵循国内统一大市场原则，参与市场竞争，降低农垦企业对国家政策投资的依赖度。

1. 农场企业化改制初具成效，全面剥离办社会职能

1995 年和 1996 年，条山农场被农业部和甘肃省列为首批建立现代企业制度试点企业。1997 年 7 月，经甘肃省人民政府批准，条山农场整体改组为国有独资公司，投资主体为甘肃省农垦集团有限责任公司。之后，条山农场进行了公司制改革，将所辖的独立核算单位分别改组为自主经营、自负盈亏、自我约束、自我积累、自我发展的法人实体，并严格按照《公司

法》的规定，建立健全法人治理结构和现代农业制度，规范运行。改制后，该公司承继了农场的财务资产、资源、债权债务，人员全部安置，形成了以产权联结为纽带的母子公司体制的集团公司。1999 年，该公司将优质资产 4.6 万亩土地入组亚盛股份公司，成立亚盛条山分公司；2015 年，根据上市公司"三分开两独立"的要求，条山集团公司与条山分公司独立运行。多次改革和资产优化，帮助条山农场实现了从传统农场到现代企业的转型，同时建立了现代化的法人治理结构和农业制度，为公司的可持续发展奠定了基础。

社会职能方面，条山集团立足于国有农场的企业属性，以社企分离为改革方向，坚定不移地推动国有农场办社会职能改革。在具体改革内容、改革方式上，根据条山集团企业的特点和禀赋，结合距离地方政府辖区较近的优势，将国有农场所承担的全部社会职能一次性移交地方政府管理。截至目前，条山集团已将学校、法庭、社保、医保、"三供一业"、退休人员管理等社会职能移交地方管理工作，相应的管理经营费用统一由属地政府承担。一方面减轻了企业负担，使得企业可以轻装上阵；另一方面也保证了农场职工获得当地居民同等水平的社会化服务的权利。办社会职能的剥离促进了国有农场经济和各项社会事业可持续发展，为垦区率先基本实现农业现代化、率先全面建成小康社会、更好服务国家战略需要提供了重要支撑。

2. 经营管理体制渐进创新，初步建立农业社会化服务体系

通过坚持改革创新和积极探索实践，条山集团彻底改变了传统的一家一户承包经营和以包代管的模式。现在，集团全部由企业直接经营，按生产项目组建了专业公司和项目管理团队组织生产，实现了统一经营。目前，农场直接经营的土地达到了40916亩，职工或其他农业从业人员承保租赁面积为336.8亩，近三年农场通过不同方式收回了861亩土地。农场的管理体制也由农场、分场、队三级转变为农场、二级专业化公司两级。农场将分场（队）靠行政管理职能收取土地承包（租赁）费，转变为以专业化公司、专业化团队经营产业为主体的经营职能。农场还分离了生产经营单位的社会化管理职能，建立了专业化的农机、滴灌、防灾减灾服务保障团队。这种集约化统一经营的模式加速了生产要素向最有效益和效率的产业聚集，实现了土地利用率和种植效益的显著优化。目前，农场内部耕地平均实现产值5000元以上，亩均种植利润达1000元以上。在坚定推进集中统一经营和项目化团

队管理的同时，根据专业化产业化发展的要求，条山集团建立起与集中统一经营模式相匹配的生产保障体系，组建专业化的农机、滴灌、防灾减灾、农资供应等服务保障团队，开展顺畅服务使专业公司集中精力搞生产经营。以果园为例，专业服务保障团队亩均用水为普通个体农户的80%，亩均用肥仅为普通个体农户的70%左右，而产量却要高出普通个体农户10%左右。农业社会化服务成为促进农业节本增效、农民增产增收的必由之路。

3. 农业产业化蓬勃发展，积极拓展农业经济新业态

条山集团坚持"标准化生产、集约化经营、产业化发展"的理念着力推进"三大一化"（大条田、大农机、大产业和水肥一体化），培育壮大主导产业。截至2022年，集团生产各类绿色农产品12万余吨，实现收入5.3亿元。在落实"藏粮于地、藏粮于技"战略的基础上，条山集团坚持以市场为导向，不断调整优化种植结构，培育和发展了林果、马铃薯、洋葱等主导产业和作物。同时集团坚持标准化生产，农产品质量安全通过了ISO9001质量体系认证，实现了可追溯性。此外，还建成有机食品梨生产基地1061亩，发

展省力化梨园 3000 亩，积极创建国家级果品机械化、信息化现代农业示范区，推进果园生产机械化、现代化。马铃薯产业实现全程机械化，生产订单稳中有增，年种植规模保持在 3 万亩左右，与中国百事、泰国百事、上好佳等大型加工企业建立了长期合作关系，发展势头大幅提升。推广高效作物，将蔬菜确定为轮作倒茬主栽作物，经营效益稳步提升。实施"走出去"战略，利用项目专业团队的组织模式，积极拓展外部农业资源，在内蒙古达拉特旗和阿拉善左旗、新疆和硕县、甘肃兰州新区流转土地建成 4 个外部基地。

为顺应农业经济发展新态势，条山集团依托现有资源基础，通过不同方式的资源融合，不断调整和优化农业产业结构，拓宽农业功能，延伸农业产业链，催生出服务型、创新型的农业发展新业态。公司成立了"休闲农业＋观光旅游"的条山农庄，组建了"农林产品＋互联网营销"的电商团队，启动了"农业＋轻工业"的条山酒厂，推行"物联网＋农业"的智慧农技，申报了田园综合体建设试点项目，积极将农业与二三产业融合，齐头共进。其中，条山农庄被认定为国家 3A 级旅游景区、全国休闲农业与乡村旅游示范点、中国乡村旅游金牌农家乐、全国青少年农业科普示范基地、甘肃省休闲农业示范点、甘肃省科普教育基地、白银市科普教育基地。

4. 企地融合战略成果显著

条山集团从更高政治站位和更宽全局视野上深刻认识新时代的地企合作，贯彻落实共享理念。条山集团聚焦"一核三带"区域发展格局和"四强"行动，主动融入地方经济发展，发挥自身在组织技术、品牌和经营模式等方面的优势。一方面利用土地流转等方式在国有农场之外的土地上推广新型优质品种种植，并将新的生产模式不断进行推广示范；另一方面采用"公司+基地+农户"的全新运营模式，提升了县域内农业生产效率。示范带动县域农民每年增收5000万元以上，为县域经济高质量发展做出了积极的贡献，营造出国有企业和地方共荣共生、发展成果由全民共享的新兴发展格局。

（二）国有农场改革的环境制约与
体制机制约束

1. 资源性缺水矛盾突出

水资源短缺且时空分布不均，资源性、工程性、水质性缺水问题并存，区域性缺水问题突出是甘肃省的基本水情。黄河流域以全省44%的水资源量承载着70%的人口和经济总量，水资源可利用量十分有限。内陆河流域水资源开发利用率接近100%，部分区域水资源已处于超载状态。长江流域水资源开发利用困难，当前开发利用率仅为2%。随着经济社会高质量发展、人民生活水平不断提高，水资源刚性需求将会进一步增加，甘肃省水安全保障形势依然严峻。此外，甘肃省节水器具普及率低于全国平均水平，再生水回用率仅为10%，农业高效节水灌溉占比、城镇供水管网输水效率等还有较大提升空间。水资源利用效率与效益偏低，与水资源短缺现状不相适应，加剧了区域性缺水形势。条山集团经营主业为农业，在现有节水措施已饱和使用的情形下，集团经营的土地正常农业生产用水仍然难以满足，给农业生产活动带来诸多不便。

2. 粮食安全与经济效益的两难抉择

粮食事关国运民生，粮食安全是国家安全的重要基础。党中央、国务院高度重视粮食安全问题，始终把解决人民吃饭问题作为治国安邦的首要任务。特别是党的十八大以来，以习近平同志为核心的党中央立足世情国情粮情，确立了"以我为主、立足国内、确保产能、适度进口、科技支撑"的国家粮食安全战略，提出了"谷物基本自给、口粮绝对安全"的新粮食安全观。与此同时，粮食作物的经济效益较低是不可回避的事实。实施统一经营后，条山集团的耕地均为基本农田，且基本完成高标准农田整理。种植作物品种、技术人员、农业机械种类逐渐向少数主导作物集中。作物重茬引起的种植结构调整和基本农田必种粮食作物之间的矛盾，以及职工收入增长的需求与粮食作物经济效益低之间的矛盾逐渐凸显。尤其地方政府对基本农田种植"非粮作物"的查处已经提到了一定的高度，让企业在维护国家粮食安全稳定和追求更高经济效益之间处于两难境地。

3. "走出去"战略发展受限

与垦区内其他农业种植企业相比，条山集团土地面积较小。随着职工生活水平的提高和改善基础设施设备的要求，当前土地面积的产出效益并不能满足企业发展的需求。因此，条山集团深入研判农业发展形势，积极推进"走出去"发展战略，在农场外围或外省流转土地，组建专业农业公司进行统一经营，以提升企业收益。但经过几年的经营后，各类问题日渐显现。首先是随着近年农业经营收益的提升，更多的社会资本涌入农业，带来各地土地流转价格的不断攀升，一定程度上降低了集团农业经营的收益。其次，由于外地多为个体农户经营，缺乏较强的龙头企业支撑，机械化普及率较低，农业社会化服务水平不足，集团经营的土地难以利用当地现有农机资源，购入全新农机对资金要求和持续经营要求较高，多数地区难以满足条件。最后，集团流转经营的部分土地处于偏远地区，相应的基础设施不够完善，农产品运输和销售问题也困扰着集团。

（三）破除发展桎梏，释放农场活力

1. 推进高效节水灌溉，推动农业绿色发展

水资源的可持续利用与食物安全保障是人类社会持续发展的最基本支撑点。确保食物安全，已成为人类面临的重大挑战。农业作为最主要的用水部门，消耗了全球总用水量的70%，发展农业节水、提高农业用水效率是保障全球水安全与食物安全的重要途径。甘肃省资源性缺水在短期内是难以扭转的资源禀赋劣势。甘肃省政府提出，强化水资源刚性约束，将节水作为解决全省水资源短缺问题的重要举措，大力推进深度节水控水行动，不断提高用水效率和效益，推动用水方式由粗放向节约集约转变，全面建设节水型社

会。在农业生产方面，推进高效节水灌溉和调整农业种植结构，能够在一定程度上缓解条山集团的用水约束。在节水灌溉技术方面，以土地集约化、规模化经营为基础，集团可以改造、发展、提升高效节水灌溉工程，探索"投、建、管、服"一体化农业节水新模式，发挥国有农场的示范引领和辐射带动作用，缓解所在地用水紧张问题。在农业种植结构方面，结合实施旱作和季节性休耕，扩大苜蓿、高粱、谷子等优质高效耐旱作物种植，缩减高耗水作物种植面积。并且根据集团流转土地的不同特性，积极探索特色作物、旱作农业、设施农业等新兴产业。

2. 夯实粮食安全基础，提升主粮种植经济效应

粮食安全事关国家命脉，提升农业经济效益又是农民增产增收和实现高质量发展的重要途径，需在二者中实现均衡协同推进。一方面要求各农业经营单位严格按照国家规定，将土地用于种植业生产，夯实国家粮食安全基础；另一方面，受政策性粮食拍卖、进口量增加、贸易商出货量增加以及市场需求疲软等多重因素叠加影响，小麦、玉米和大豆等粮食价格均处于低位，国家应当继续根据农资市场价格走势和农业生产形势，向种粮农民发放一次性补贴，适当抵消种

植成本，提升种植主粮的积极性。农民种粮有钱赚，粮食安全才有坚实的保障。农垦集团方面，针对困于多重管理体制下的国有农场种植主粮问题，可由国家层面的农业主管部门将垦区内粮食种植面积或土地规划任务进行统一下达，统一生产布局，并进行垂直管理监督，以减少农垦和地方政府双重管理为农垦企业生产经营带来不必要的困扰。

3. 探索农业统一经营新路径

条山集团在农场外围或外省流转土地遇到的困境，实质上是对外探索统一经营模式普遍会遭遇的问题，统一经营带来的正外部性无法由国有农场独享，企业私人成本高于社会成本，导致统一经营的供给不足，难以实现市场的最优化。因此需要积极探索新型农业统一经营实现路径，发挥国有农场农业在统一经营管理和服务方面的职能。土地流转问题方面，按照产权明晰、形式多样、管理严格、流转顺畅的要求，加快培育土地承包经营权流转市场。根据土地承包经营权流转的需要，建立有形的土地流转市场，搭建公开、公平、规范、有序的土地流转交易平台。基础设施建设和农业社会化服务等准公共物品方面，响应全国高标准农田建设总体规划，与地方政府协同推进农田水利工程建设；把家庭承包经营与农业社会化服务有机结合起来，与地方政府协同建设覆盖全程、综合配套、便捷高效的社会化服务体系。要适应农业多功能拓展和农民分工分业发展的新形势，加快构建公益性服务和经营性服务相结合、专项服务和综合服务相协调的新型农业社会化服务体系。

4. 推进企地融合战略，构筑包容性发展新格局

深入推进地企融合是壮大地方经济实力、加快转型发展、推动高质量发展的重要途径。在巩固提升和深化拓展的基础上，遵循共商共创共享原则，实现互助互补互赢，全面提高新时代地企融合发展水平。探索"政府搭平台、农村建基地、农垦建龙头"的共建模式，突出"立足全省、带动三农"的发展导向，充分发挥农垦企业在现代农业建设方面的体制优势、管理优势和组织优势，合理配置资源要素强化对外合作，坚持把自身发展置于全国全省大背景、大格局中进行审视，深入推进企地融合，积极主动对接沟通，采取流转土地、兼并重组、投资入股、联合经营等方式，在结构优化调整、延链强链补链、转型升级发展、产品市场开拓方面借助外力与属地政府建立市场化合作

机制，切实发挥现代农业示范带动"排头兵"作用，努力打造"共谋发展、共建共享、多方共赢"的发展态势。

三　以不断变革，促进
国有农场效益提升

——甘肃农垦黄羊河农工商集团调研报告

（一）国有农场企业化改革的效益
提升与包容性发展路径探析

甘肃农垦黄羊河农工商（集团）有限责任公司（甘肃省黄羊河农场）是 1953 年经政务院批准建设的甘肃第一家国营机械化农场。经过 70 年的变革发展，现已发展成为农工商并举、产加销一体的现代农业企业集团。集团现为国有独资性质的有限责任公司，注册资本为 1 亿元，隶属于甘肃省农垦集团有限责任公司。集团公司内设党委会、董事会、监事会、经理层，各治理主体权责明确，运作规范。现占地面积为 12.9 万亩，其中耕地为 8.98 万亩。辖区总人口 8700 余人，其中在职员工 793 名。下设 7 个子公司、9 个分公司，机关设部室 7 个；对外参股单位 3 个。生产经营的主要产品有玉米（甜糯玉米、制种玉米）、蔬菜、马铃薯、果品、节水材料、畜产品等。2022 年全年实现营业收入 7.55 亿元，利润为 7151 万元；现有总资产 7.87 亿元。企业先后荣获"全国文明单位""首批国家级农业产业化重点龙头企业""全国无公害农产品示范基地""国家级出口农产品质量安全示范区""全国农业先进集体""全国农垦现代农业示范区""全国农垦农机标准化 AAA 级示范农场""甘肃省现代农业示范区""甘肃省科技创新示范企业"等荣誉。集团内设的技术中心为"省级企业技术中心"，现有国家授权专利 39 项，其中发明专利 3 项，"黄羊河"商标为"中国驰名商标"。

　　"九五"以来，黄羊河集团公司因地制宜，发挥优势，先后培育和发展了葡萄、啤酒大麦、甜糯玉米、麻黄、亚麻、良种、果品、农业观光旅游、畜牧养殖 9 个关联度较大、辐射带动能力较强的农业产业化项目。葡萄产业成功培育出了上市企业——莫高股份，食品、种业、蔬菜、果品、畜牧养殖等优势产业得到了壮大发展，麦芽、亚麻、建材等产能过剩或市场落后的产业已被淘汰，实现了农业结构的战略性调整。目前已形成年产销 30 万吨左右产品的工业集群和集散中心，企业的市场竞争能力、经济实力大幅提高。2018—2022 年，公司累计实现营业收入 32 亿元，利润增加 2 亿元。近年来，公司坚持"1 + 3 + N"发展战略（夯实土地资源基础，加快现代农业建设与发展；落实农资、农机、水电 3 个服务保障；以玉米、蔬菜、马铃薯、果品、特药等产业为抓手），强化农业"三大一化"管理，规范资源统一经营，调整优化产业结构，深化体制机制改革，实现了经济高速发展和职工收入稳步提升，企业迈入了高质量发展快车道，各项经济指标保持稳步增长、持续向好发展态势。

1. 体制机制改革不断深化，办社会职能全面剥离

《中共中央　国务院关于进一步推进农垦改革发展的意见》明确指出，农垦还存在管理体制尚未完全理顺、经营机制不活、社会负担重、政策支持体系不健全、部分国有农场生产经营困难等问题，迫切需要进一步深化改革，促进农垦事业持续健康发展。

1996 年 5 月，黄羊河实业公司被国家农业部、省政府列为建立现代企业制度试点企业。1997 年 9 月，改制为规范的国有独资有限责任公司，建立了符合现代企业制度要求的法人治理结构。1999 年 1 月，为进一步推进

现代企业制度试点工作，走集团化发展路子，成立"甘肃黄羊河农工商集团"。集团由母公司——甘肃黄羊河农工商（集团）有限责任公司和甘肃莫高葡萄酒业公司、黄羊河果品有限公司等 5 家子公司组成，初步形成以母、子公司为核心的集团结构模式。2006 年 12 月，以《甘肃省人民政府办公厅批转省农垦集团公司关于深化农垦企业改革实施方案的通知》（甘政办发〔2006〕24 号）文件为依据，改制为国有法人股、企业法人股和自然人股构成的股份制性质的有限责任公司。2013 年，改制为国有独资有限责任公司，注册资本为 1 亿元，出资人为甘肃省农垦集团有限责任公司。

自 1996 年以来，在股份制龙头企业建设中，坚持新建与改组、改造齐驱，走股份制发展的道路，逐步新建或改组、改造成由集团公司控股的股份制企业 11 家。集团公司与二级企业是大股东与经营者的关系。集团公司依据产权关系和法定程序对二级企业进行管控。农场企业化改革以来，按照集团公司是资本运营中心，分（子）公司是产品运营中心，家庭农场是生产中心的模式进行运营，不断改革公司内部组织机构，持续完善现代企业制度，规范经营管理模式。黄羊河集团公司原办社会职能有学校教育、医疗卫生、社区管理、"三供一业"四部分。2010 年，对原黄羊河小学和中学进行分离，彻底移交给当地教育局。2018 年年底前，完成了职工医院、社区管理、"三供一业"的分离，全部移交当地政府。2020 年 9 月，全面完成退休人员社会化管理移交工作，共向属地政府移交退休人员 1498 人，移交退休人员人事档案 1113 份；同时，完成了 169 名退休党员的组织关系转接。

公司于 1998 年首次完成了土地权属调查、地界协议的签订及土地初始登记工作，属地政府于 1999 年 6 月颁发了国有土地使用权证，2002 年换发了甘肃省政府颁发的国有土地使用证。2017 年以来，按照甘肃省政府、甘肃农垦集团关于国有农场土地确权登记发证有关工作安排，公司先后完成了各类土地权籍调查、测绘，对权属界线发生变化的地界补充完善与相邻单位的地界协议。截至目前，干武铁路与黄羊河集团公司权属重叠面积为 3452 亩（其中耕地约 2000 亩），暂未完成确权工作。

2. 农业经营管理体制不断规范

（1）农业土地经营管理模式

自 1996 年企业化改制以来，黄羊河集团公司在农业领域全面推行土地承包或租赁经营模式。这一转变解决了少数职工负盈不负亏、吃企业"大锅饭"的问题，通过先交钱后种地的方式彻底改变了旧有经营模式的弊端。这种经营机制的转换，全面提升了公司公平参与市场竞争的能力。目前，黄羊河集团公司已经实现以生产资料统一和全面订单化生产的统一经营模式。在土地承包及租赁经营管理方面，公司职工根据承包土地平均面积签订土地承包合同，承包或租赁土地种植公司订单作物，成本投入和利润按比例分配。同时，结合退休退地政策的实施，通过集中整合土地、由项目团队经营管理等方式，进一步优化土地使用。为了进一步规范土地管理，公司对土地承包租赁合同实行一年一签，并严格执行先签合同后种地的政策。企业职工签订土地承包合同（根据承包土地平均面积，以 40 亩为限），超标准面积及历史形成的非职工签订租赁合同，近年来职工退休退出的土地通过竞价租赁方式签订竞价租赁合同，确保土地承包及租赁经营管理的规范和有效运行。

（2）农业经营管理体系监测工作情况

2009 年起，黄羊河集团公司被农业农村部农垦局选定为监测试点，自此积极响应相关政策，全力推进农垦农业经营管理体系监测工作。具体来说，公司采取了以下措施：一是广泛宣传和推广农业经营管理监测工作，以提高干部职工对此项工作积极意义的认识和理解。二是针对垦区、农场和农业经营主体层面，从生产、经营、产业和管理体系等多个角度出发，重点监测分析生产资料、生产技术、经营主体、组织方式、服务模式、农业资源要素配置、农产品供给效率以及土地相关的职工社保和保险补贴等内容，并认真填写上报监测报表。三是全力做好宏观经营情况监测数据采集的同时，持续做好30户微观经营主体监测户的经营情况监测，对固定监测户入户上门了解经营收入情况，准确收集第一手资料，如实反映农场农工的实际经营状况。近年来，监测对象经营情况良好，收入逐年稳增。四是在监测数据采集方面，公司注重以家庭农场账目提取和重点监测户访谈相结合、生产性开支和生活性开支相结合、家庭经济改善和生活幸福指数相结合的方式，确保数据翔实、重点突出，在企业年度经营计划制订、承包合同签订、民生项目建设计划制订等方面提供有力的数据支撑。五是加强监测经验总结和交流，为农垦经营发展提供数据支撑和反馈依据。

3. 用工制度不断完善，人才建设趋于合理

（1）干部人事制度改革情况

在深化干部人事制度改革方面，公司不断完善干

部管理制度体系，加大优秀年轻干部的培养选拔力度，并实施一年一聘和内部退养制度、末等调整和不胜任退出机制等措施，使干部队伍建设明显趋于合理化。同时，公司推行竞聘上岗制度，创造了公开、公平、竞争、择优的选人用人环境，积极有序地推进经理层成员任期制和契约化管理，试点推行职业经理人制度，实现了干部分类分层管理。

（2）劳动用工制度改革情况

在深化企业劳动用工制度改革方面，公司坚持加强人才队伍建设，建立健全劳动用工管理制度，并严格按照《劳动法》要求规范劳动用工程序，让新进人才入职即签订劳动合同，享受"五险一金"，并申请就业补贴，大幅度提高新进人才薪酬水平。同时，考虑到公司实际地理位置导致的青年人才"留不住"问题，公司装修改造公租房作为员工公寓，通过改善员工住宿条件提升人才吸引力。

（3）薪酬制度改革情况

在分配上，根据各级经营管理者受托经营国有资产的规模、效益水平和所承担的岗位责任、工作业绩确定薪酬。对于市场化经营单位，实行"基本工资＋绩效工资"的分配模式；对于资源管理型单位，实行"基本工资＋绩效工资＋综合管理工资"的分配模式；机关工作人员实行"岗位工资＋工龄工资＋奖金"的分配模式。通过考核分配和薪酬激励机制的不断完善和改进，近年来公司干部员工干事创业积极性明显提升，凝聚力不断增强，有效助推了企业发展。

（4）社会保险缴纳情况

公司现有职工全员参加社保，包括养老保险、失业保险、工伤保险、医疗保险、生育保险，按月缴纳社保费用，历年无欠费情况。2022年，公司依据相关政策，调整了职工社会保险缴费基数，让职工共享企业发展成果，进一步增强职工的获得感、幸福感。2022年全年为职工缴纳社保费1841万元，较2021年增加398万元。

（5）新型劳动用工制度建设情况

严格按照《劳动法》及《劳动合同法》相关制度，新录用人员上岗后及时与其签订劳动合同；员工辞职与调出时，及时签订解除劳动合同协议书，按照《劳动合同法》办理相关手续，杜绝了劳动纠纷的发生。同时，为加快建立和实施以劳动合同管理为关键、以岗位管理为基础的市场化用工制度，公司自2021年起，每年与职工签订岗位合同，覆盖面达100％。

4. 探索农企合作增收新模式，落实农资服务保障属性

土地资源全部实行统一经营，大宗作物订单面积占比96%以上。农企合作模式更加深入，黄羊河公司的农企合作模式在西北地区成为最为紧密的合作方式之一，也是公司效益提升的重要源头之一。由龙头加工企业和农场基地签订订单面积、确定订单产品质量要求及种植技术标准，并委派技术员参与农场订单面积的落实及种植技术的指导；同时，由农场基地管理人员及龙头企业技术人员负责订单产品面积的测量、生长。不仅实现了订单化种植，而且将合作经营的内涵延伸到了种植方法、农业技术、农业机械、育种育苗各个方面。该模式不仅可以保证农业基地农产品的销路，还可以保证龙头加工企业原料的品质，最终和订单企业分红的方式对稳定职工增收、培育公司人才也有很大的意义。耕地全面积实施高效节水灌溉，亩均用水量在300立方米以内，较传统灌溉方式节水率为50%左右，节水综合水平目前全省领先。农业种植区"大条田"改造完成率达100%，农业种植100%实现水肥一体化。亩均综合产值超8000元。节水材料公司、农机合作社、水电站等服务单位职能实现了由经营型向服务保障型的转变，滴灌肥、滴灌带等农资实

现内部全面积统一供应，农业整体耕、种、收全程机械化率达 86%。积极打造"黄羊河"品牌，现甜糯玉米系列终端产品销售覆盖全国大部分地县级以上城市的大型 KA（重要客户）卖场、超市、批发、零售、便利店等渠道。速冻甜玉米粒产品供应国内麦当劳、华莱士餐饮渠道，年产销量达 4000 吨左右；部分产品出口日本、中东、新西兰、澳大利亚等国家和地区。苹果、梨等产品得到广大消费者的认可，远销上海、深圳、广州等十多个省、市，蔬菜、马铃薯等其他产品均实现了订单生产和原料的稳定供应。

5. 包容性特色农业产业培育和产业分工趋于完善

公司坚持走农业产业化经营道路，现以甜糯玉米种植、加工为主的食品公司，以辣椒、高原夏菜种植为主的蔬菜公司，以马铃薯合作种植为主的马铃薯事业部和以苹果、梨种植，保鲜仓储为主的园艺场成为黄羊河集团产业架构的四大支柱，同时有以服务保障为定位的节水材料公司、农机合作社、物流公司，龙头带动产业的发展体系更加清晰，产业分工趋于细化。

甘肃黄羊河集团食品有限公司成立于 1999 年，注册资本为 13000 万元，占地 10.32 万平方米。建有标准化车间 9000 平方米（其中真空保鲜产品生产车间达到 10 万级净化标准），标准化仓库 5000 平方米，10000 吨速冻冷藏库一座，主要种植、生产加工、销售真空及速冻甜糯玉米、糯玉米糁及杂粮、速冻蔬菜、水煮菜等系列产品。公司现有绿色食品认证 6 项、有机产品认证 2 项，外观设计专利 4 项、实用新型专利 9 项、发明专利 2 项，所有产品均通过 ISO9001 认证、ISO22000 认证、HACCP 认证及出口 BRC 认证等。甘肃黄羊河集团蔬菜有限责任公司成立于 2007 年，是武威市第四批农业产业化重点龙头企业。公司注册资本300 万元，建有 2000 多平方米脱水蔬菜加工车间和年生产 1000 吨符合 HACCP 国际标准的脱水蔬菜生产线一条，建有现代化辣椒育苗棚 27 座，年育苗能力达3000 余万株。目前，公司通过订单形式建立起标准化原料生产基地，面积达 20000 余亩，主要以辣椒、洋葱等蔬菜作物的种植为主，开展多种蔬菜产品的销售及新品种、新技术的引进和推广，为国内多家知名食品加工企业的重要合作基地。甘肃黄羊河集团公司马铃薯事业部成立于 2019 年，主要负责公司与百事中国公司马铃薯合作种植项目的具体实施，是黄羊河集团公司探索团队化经营模式、培育发展马铃薯产业的桥头堡，年种植马铃薯上万亩，全面积实施无膜、水肥一体化栽培技术和耕、种、收全程机械化。种植首年便实现了亩产 3.86 吨的高产水平，现为公司千万元利润企业之一。园艺场是甘肃黄羊河集团公司集果品种植、市场批发营销、冷链贮运为一体的果品经营单位，自 1953 年开始果园种植，现已建成标准化、规模化绿色果品生产基地 4500 亩，主栽富士系列、金冠系列、红星系列、早酥梨、黄冠梨等果品品种，年产量上万吨。同时拥有万吨果蔬恒温气调库，年贮运周转各类果品及蔬菜 2 万余吨。

6. 以农业带动作用提高发展包容性

公司在农业科技方面拥有丰富的经验和技术优势，在自身发展的同时，积极地向周边农户推广农业种植技术，帮助当地农民进行当年种植品种的选择。通过种植技术和种植品种的优化升级，公司不仅提高了自身农产品的产量和质量，还带动了周边农户的种植技术水平和产量的提升。公司通过订单生产和议价能力的提高，实现了农产品销售的稳定增长。其在加工企业的带动下，建设了内部种植基地，带动了周边农户提供劳动力，提高了农产品的生产效率和产量。同时，公司还通过电商平台和线下销售，提高了产品的销售渠道和市场份额，让更多的人能够享受到黄羊河农场的优质农产品。在农机服务方面，公司发挥了自身农机优势，向周边农户提供农机作业服务，帮助当地农民提高生产效率，推动周边区域现代农业发展；在农资服务方面，公司积极推广应用滴灌设施和产品，带动了周边高效节水农业的发展，为解决武威市资源性缺水矛盾起到积极作用。每年以加工企业为龙头，在建设内部种植基地的基础上，带动周边农村种植基地20万亩以上，为周边农户提供就业岗位40余万人次；周边农户每年在企业种植基地的务工达70余万人次。企业每年带动周边农户就业增收4亿元以上，实现了地企协同发展和互利共赢。

（二）中国西北地区国有农场效益提升的限制因素

1. 区域资源性缺水矛盾突出

受特殊的地理位置尤其是纬度以及地形状况的影响，公司水资源主要有地表水和地下水两个来源。地表水主要来自黄羊水库，地下水主要是通过开垦机电井，为化解缺水矛盾，公司以保障服务为定位成立节水材料公司，降低节水材料使用成本；同时，根据不同作物的不同生长阶段配置相适应的滴管专用肥。一方面更利于作物吸收，另一方面减少土壤结构破坏，目前全部农业实现大田滴灌覆盖。在实现滴灌节水措施的情况下，公司缺水问题仍然突出。垦区因日照多、湿度小、风大，地表蒸发量达到降水量的近 10 倍，地下水资源也存在紧缺且分配不均的问题，公司分配到的农业灌溉水权面积仅占耕地面积的 47%，同时部分管道渗漏和农民灌溉方式陈旧等多因素合并，导致灌溉水资源严重不足从而使农作物轮灌周期推迟，灌水次数减少，不仅制约着企业做大做强和稳定发展，也是导致当地农户经济收入不稳定的重要因素。

2. 土地确权登记发证工作中存在争议

由于历史原因，部分土地权属界线等存在争议，对完成土地证换发造成影响，推进难度大，进展缓慢。其原因主要是干武铁路从公司辖区横穿而过，公司1998 年土地确权登记时，土地证载面积及附图均将干武铁路包含在黄羊河集团公司权属范围内，而干武铁路于 1993 年在当地政府办理了《国有土地使用证》。按照铁路局证载权属范围，干武铁路与黄羊河集团公司权属重叠面积为 3452 亩（其中耕地约 2000 亩）。当时双方办证时均未经对方签字确认权属界线，导致权属范围不清晰，双方用地权属重叠，属地政府不动产登记中心也参与协调，均未能达成一致。现在双方谁着急换证，谁被动，谁就得做出让步，此问题涉及土地产权的稳定和保障，需要政府和相关部门确权。

3. 存在土地租赁和退地矛盾

农垦国有农用地使用权是介于国有农用地所有权与职工国有农用地承包租赁权的中间权利，其性质影响着职工国有农用地承包租赁权的定性。基于 2015 年《中共中央　国务院关于进一步推进农垦改革发展的意见》确定的政策，农垦国有农用地使用权宜定性为用益物权。20 世纪 90 年代，受买方市场冲击，农场种植效益低，职工生活困难，造成大量土地弃耕。为此，公司从周边引进临时从业人员租赁土地种植，导致目前该部分人员到退休年龄仍没有退休，土地由其子女种植，公司无法收回其所租赁的土地，而目前职工执行退休退地政策，因此造成了职工退地而非职工仍占用土地的矛盾局面。但由于非职工涉及土地面积和人数还具有部分规模，出于保障该部分人员生计问题和避免不稳定因素两方面考虑，采取强制手段风险较大，但该问题涉及土地利用和职工的福利问题，对后续公司扩大生产经营规模产生了实际影响，需要综合考虑各方利益，积极寻求解决方案。

4. 产品更新和新产品开发方面缺乏有效的推动机制

目前公司的产品主要是传统的大众产品，包括马铃薯、鲜食甜糯玉米、各类蔬菜和水果等。然而，在当今快餐文化和速食文化的影响下，公司需要更好地围绕基础原料进行产品深度开发，提高产品的多样性，并深度融合大客户的需求合作，在产品的美感、质感、安全感等方面提高设计水平。但目前公司在这方面的开拓力度不够，特别是在新产品开发和老产品的附加值利益之间的平衡方面，公司的投入—收益机制不匹配。此外，在新产品开发的论证程序、纠错机制、可行发展目标的制定方面，公司也缺乏科学的制度和办法。

5. 营销体系建设较弱导致的品牌影响力不足

目前，公司主要采用大客户或经销商接洽制作为主要的营销渠道。这种方式存在一定的不足，营销网络的布局、产品定位和定向开发都需要加强。尤其是在农产品销售渠道开拓方面，如农超对接、"互联网＋营销"和"商销网＋合销"等适宜农产品销售的新型渠道的开拓方面，公司还需加大力度。目前的渠道不畅，研究也不够。虽然公司在品牌建设方面已经取得了一定的成效，但是品牌的影响范围主要局限于甘肃省内，互联网渠道销售量不高，品牌附加值也较低。这些问题会对公司扩大生产经营规模、增加公司利润造成一定的影响，同时大客户骤然撤单等情况也会降低公司的抗风险能力。因此，公司需要进一步加强品牌建设和营销体系建设，开拓新的营销渠道，提高产品附加值和品牌影响力，为公司的长期发展打下坚实的基础。

（三）推动西北地区国有农场实现包容性发展的政策举措

1. 继续深挖节水措施方法，不断提高水资源的利用效益和效率

一是以水需调整公司农业种植结构，根据黄羊河现有水资源，依据水资源调度方案分配确定的可用水量。二是充分发挥水利工程的抗旱节水作用，进一步强化水利工程养护管理工作。在每轮供水前后对干支渠道进行清淤，维修养护建筑物及启闭设施，同时督促各农民用水户协会对田间工程进行管理养护，及时指导清理渠道淤积，有效减少渠道输水损失，不断提高水资源利用率。三是加大资金投入，积极争取国家

有关节水农业项目的支持，多方筹措资金，增加经费投入，加强节水配套设施的进一步完善。四是加强针对性技术开发，根据自身的产业链条，将节水灌溉技术着重转移到优势产业，同时积极研发抗旱品种。

2. 协商解决土地争议，推动土地确权登记制度改革

一是公司应积极与当地政府、铁路局等相关方面进行沟通，就权属范围进行协商，以达成一致意见。在协商过程中，可以提出调整土地使用范围或通过其他方式解决争议的建议，以达成双方的共识。二是申请相关法律程序。如果协商无法解决争议，公司可以依据《土地管理法》和其他相关法律法规，向土地行政主管部门申请土地权属确认，或者向法院提起诉讼，以争取土地使用权的合法性和稳定性。从政府层面来看，政府应该完善土地确权登记制度，加强对土地权属的管理，优化土地确权登记流程，明确权属界限，保障土地使用权的合法性和稳定性，为企业和农民提供更好的土地使用保障，避免土地弃用。

3. 积极调解退地矛盾，保障各方基本权益

退地矛盾以公司行为推动困难较大，政府层面针

对矛盾需要采取一定措施。一是仍要加强宣传和政策解释，针对职工国有农用地承包租赁权的定性问题，政府和相关部门可以加强宣传和政策解释，以消除职工的不确定性，同时加强职工的权益保障。二是要制定具体的政策和法规。针对农垦国有农用地使用权的性质问题，政府和相关部门可以制定具体的政策和法规，明确其定性，以便职工和非职工均能在其规定范围内使用土地。三是要探索引入市场机制，针对存在土地弃耕和非职工占用土地问题，政府可以探索引入市场机制，鼓励或引导非职工将土地转让或租赁给有意向的职工或农民，以实现土地的有效利用和流转。四是建立调解机制，针对土地租赁和退地矛盾问题，政府可以建立调解机制，通过中立的第三方来进行调解，解决土地争议，保障职工的权益，可以尝试使用农民保障地等形式，避免使用强制手段所带来的风险。

4. 加强新产品开发和产品更新力度，继续增加利润空间

一是要制定科学的新产品开发流程和制度，包括新产品开发论证、项目评估、市场调研、原料供应链的搭建，产品设计、研发、测试和验证等环节，并安排相应的负责人和专门团队，以确保每个环节的严谨

性和协同性。二是要推行创新激励机制，以提升员工在新产品开发和产品更新方面的积极性和主动性，如奖励制度、股权激励、员工持股计划等。三是加强市场调研和顾客反馈，了解顾客需求，以便更好地制订产品开发计划，提高产品的竞争力和市场占有率。四是制定明确的收益机制，以保障新产品开发和产品更新的投入得到合理回报。对于新产品，可以通过特许经营或股权合作等方式，与有实力的企业合作共赢；对于产品更新，可以通过提高产品品质、加强市场推广、优化供应链等方式，提高产品附加值，增加产品利润空间。

5. 完善营销体系，加强品牌建设

一是要加强营销网络的布局和产品定位，公司要通过市场调研和分析，了解目标客户的需求和偏好，制定更加精准的产品定位和营销策略。同时，加强与经销商的合作，建立稳定的合作关系，扩大销售渠道，提高产品的知名度和市场份额。二是要积极开拓新的营销渠道，除了传统的大客户和经销商渠道外，公司应该积极探索适合农产品销售的新型渠道，例如农超对接、"互联网＋营销"和"商销网＋合销"等。同时，在已经开展的互联网销售平台上积极增加产品曝

光度，积极探索线上直播带货等新模式。三是提高产品附加值和品牌影响力，加强品牌建设，提高品牌形象、扩大品牌宣传，在产品包装、品质、口感等方面进行提升，增强产品的差异性和竞争力。四是建立科学的营销体系，包括产品研发、市场调研、销售渠道管理、品牌建设等方面，以提高营销效率和管理水平。同时，加强对营销人员的引进，并积极参与专业化培训，建立并提高营销团队的专业水平和执行力。

四　通过高质量企业化改革，实现农地协同包容发展

　　甘肃农垦黑土洼农场有限责任公司（以下简称"黑土洼农场"）原为甘肃国营八一农场黑土洼分场，始建于20世纪50年代，历经几十年的历史沿革及发展进步，为新时代农垦改革发展提供了良好基础和宝贵经验。为进一步理顺内部管理体制，2012年划转省农垦集团公司直属管理，注册成立甘肃农垦黑土洼农场有限责任公司，县级建制。农场位于河西走廊中东段，南依祁连山，北靠焉支山，东与永昌县红山窑镇相毗邻，西与山丹军马场相接壤。地处海拔2430米，属冷凉半干旱型气候，光照充足、无霜期短、多风少雨，昼夜温差大。生态环境脆弱，生存条件艰苦。目前，农场属纯农业种植企业，占地面积为8万亩，种植面积为5万亩。经过不断探索和优化调整，逐步形

成以高原夏菜、特种药材、高芥酸油菜、马铃薯、中药材为主的种植结构布局。2022 年实现营业收入 1.6 亿元，实现利润 1300 万元，实现职均收入 6 万元，资产总额为 2.8 亿元，资产负债率为 54.7%，保值增值率为 110.78%。

黑土洼农场现设 10 个职能部室，下属 2 个农业分场、5 个种植产业部，在职职工有 305 人，管理人员有 74 人。农场党委下属 3 个党支部，中共党员有 70 人。2012 年农场公司制改制以来，黑土洼农场先后 6 次获得甘肃农垦集团"先进单位"称号，2019 年被评为金昌市"文明单位"，2021 年迈进甘肃农垦千万元利润企业行列。

（一）国有农场探索规模化标准化的企业转型之路

1. 明确市场定位，完善公司治理结构，逐步建立起现代化的企业制度

国有农场企业化改革是按照"两个一以贯之"要求，把坚持党对国有企业的领导作为重大政治原则，把建立现代企业制度作为公司制改革方向，逐步完善中国特色现代企业制度体系，不断提升企业治理效能，

增强市场竞争力，提高发展质量和效益，实现国有资产保值增值。

第一，通过改革，国有农场已逐步建立起适应公式化生产经营活动的党委领导架构。国有农场将加强党的全面领导与完善公司治理结构有机统一起来，在公司制改革中同步健全党的领导制度机制和组织机构，充分发挥党委把方向、管大局、保落实的政治领导作用。完善"双向进入、交叉任职"领导机制，党委书记、董事长由一人担任，党委成员通过法定程序分别进入董事会、监事会和经理层，董事会、监事会、经理层中的党员依照有关规定进入党委会。健全党的群团组织，认真落实以职工代表大会为基本形式的企业民主管理制度，每年召开职代会讨论年度生产经营重要事项，有效维护职工知情权、参与权、表达权、监督权；坚持国企党建服务生产经营不偏离，持续深入推进党建工作与生产经营、改革发展、企业治理等中心任务深度融合、同频共振，以高质量党建引领保障企业高质量发展。完善党建工作责任制考核评价和激励约束机制，健全党建工作与生产经营同谋划、同落实、同考核机制，党建工作质量和实效显著提升。

第二，通过改革，国有农场逐步建立起现代化企业的公司治理结构。农场持续深入推进公司制改革，制定公司章程，完成工商注册，健全公司党委会、董事会、监事会、职代会，经理层等决策议事机构的议事规则及决策程序，厘清了各决策议事机构的权责边界，规范运行"三会一层"议事机构，将党委领导和纪委监督贯穿决策、执行全过程。完善"三重一大"决策制度机制，制定"三重一大"决策事项清单，启动运行国资国企"三重一大"决策运行监管系统。制定并落实《董事会向经理层授权管理制度》《总经理向董事会报告工作制度》《经理层任期制契约化管理实施方案》《经理层成员经营业绩考核管理办法》等相关制度，各负其责、运行规范、制衡有效的法人治理结构逐步完善，企业治理能力明显增强。

第三，通过改革，国有农场不断加强市场化经营意识，以市场作为企业经营生产的核心导向。在企业市场主体定位和农场企业化改革方向的基础上，国有农场以服务国家战略为己任，统筹市场需求导向和自身资源禀赋，凭借高海拔冷凉型气候条件，依托现代高效节水农业基础设施，大力发展高寒特色农业。树立"一切围着市场转，一切为了营销干"的生产经营理念，坚持从市场端入手谋划布局作物种植结构，干部职工市场竞争意识、商品质量意识、产品品牌意识明显增强。

2. 持续创新能源经营管理体制，不断推动规模化、统一化经营

国有农场为保障国家粮食安全和农产品有效供给发挥应有作用，坚持以高质量发展为主题，以率先实现农业现代化为目标，以改善职工生产生活条件、提升企业发展质量效益为根本，持续推进制度、机制和管理模式创新。

第一，依托自身优势，持续推进标准化生产工作。国有农场立足自身农业生产气候环境和耕地资源禀赋，坚持"抓项目、夯基础，调结构、增效益，建链条、拓产业，强科技、建特色，促改革、激活力，护生态、美环境，抓党建、强保障"的基本思路，朝着现代农业发展基础设施更加完善、作物种植结构更加优化、经济稳步增长更可持续、发展内生动力更加强劲、场区生态环境更加优美、职工生产生活更加良好的目标持续努力。坚定不移走现代高效节水农业发展之路，扎实推进高标准大条田、复合式大农机、高寒特色大产业和水肥一体化的"三大一化"战略举措落地见效，全面实行耕地、农资、产品统一经营和农业技术规程标准化的"三统一化"生产经营管理措施。

第二，以项目为抓手，不断提升农业生产的现代

化、集约化水平。国有农场坚持项目带动与产业发展互促共进，节水灌溉设施每架设一批，作物种植结构调整同步跟进一批。例如，甘肃农垦集团黑土洼农场累计架设节水滴灌设施3.4万亩，占种植面积的68%，建成滴灌首部系统32套、蓄水池12座，修建输水渠道32千米、机耕道64千米，建成通场油路23千米。通过技术提升，国有农场田、渠、林、路整体布局更加规整，现代农业发展基础设施不断夯实，种植结构调整实现重大突破，实现了由过去单一种植向多种高效经济作物的重大转变，实现了灌溉方式由过去的大水漫灌到现在的精准滴灌的重大转变，实现了农田生产管理由过去广种薄收的粗放型管理到现在科学标准的集约化管理的重大转变，组织化、机械化、规模化、市场化程度明显提高。

第三，制定合理规则，探索统一经营土地持续扩大之路。国有农场坚持"好地让职工种"和"职工退休同步退出耕地"的职工家庭农场承包经营管理制度，职工每到龄退休一批，退出耕地企业统一经营管理就同步跟进一批。例如，甘肃农垦黑土洼农场分别于2016年、2018年、2023年先后3次对全场职工承包耕地作了调整理顺，为企业统一经营耕地、推进区域化种植布局和规模化生产经营破除了障碍、创造了条件。与此同时，国有农场积极应对目前职工集中到龄退休的实际情况，着眼全局长远，切实解决"谁来种地和如何种好地"的问题。农场创新经营管理体制机制，采取统一经营耕地的举措，将职工退休退出的耕地，通过组建种植产业部的方式，推行项目团队生产经营管理模式。根据实际需要组建种植产业部，农场统一种植经营耕地占总种植面积的比重逐步提升。在实践中不断探索经营管理方式，有效管控统一种植经营风险，先后采用了经营目标责任考核制、经营目标利润合同制等管理模式，采取预交风险押金和对超额利润计提风险储备金的措施，实现经营风险总体可控。

3. 总体完成了办社会职能的改革和剥离工作

国有农场认真贯彻落实企业办社会职能移交管理改革要求，积极主动同地方政府协调衔接，全面完成"三供一业"、卫生所和退休职工移交社会化管理改革任务，减轻了企业包袱，使农场能够集中全部精力抓生产经营、谋改革发展。

第一，农垦各农场普遍已经完成农场"三供一业"分离移交工作。各农场与所在地人民政府签订《办社会职能改革移交框架协议》《企业办社会职能"三供一业"、市政社会化服务分离移交协议》等相关文件。将农场场区的水、电、暖和物业管理职能剥离,全部转交给当地政府管理。

第二,国有农场基本完成了医疗机构的移交工作。与所在地卫生计生局签订《卫生所分项移交协议》,将场区所属卫生所及相关工作人员移交地方政府管理。

第三,国有农场基本完成退休人员社会化管理移交工作。退休职工移交社会化管理,退休职工党员的组织关系,全部转接到所在社区党组织,建立退休职工移交长效机制。

4. 提供农业社会化服务,带动当地农户实现包容性发展

国有农场充分发挥自身比较优势,示范引领和辐射带动当地现代农业发展,创新服务保障体制机制,持续提升农业社会化服务能力水平。

第一,探索农业新路径,带动周边农业发展。坚持试验、示范、推广三步走的原则,不断探索引进适应市场需求和当地气候条件的优良作物、品种,持续优化调整种植结构,为当地加快现代农业发展步伐提前探路、积累经验,带动周边友邻单位及乡镇村社发展现代高效节水农业,为助力乡村振兴发挥了应有

作用。

第二，发挥农垦优势，积极带动周边农户共同富裕。国有农场发挥农垦在农业战线上的"排头兵"作用，通过组织观摩学习等途径，为当地农村农民提供实践探索积累的成功技术经验和先进的生产经营管理方式方法，带动当地农民转变思想观念。例如，甘肃农垦黑土洼农场，每年雇用周边农民季节性生产务工1万余人次，每年用工支出2600万元以上，为当地富余劳动力务工增收提供了有利条件。

第三，国有农场通过提供农业专业化服务，提升带动周边农业生产效率。国有农场不断提升大农机装备水平，以组建农机专业合作社为牵引，持续推动农机具换代升级，农业综合机械化率持续提升。同时，鼓励有能力、有条件的职工积极发展生产经营服务业，以市场化运作方式提供耙播耢、耕种收等机械作业服务，耕作质量和效率显著提升。

第四，加强产学研合作，提升周边农户生产技能。国有农场重视同农业科技院校的合作，每年邀请农业领域的教授专家和技术人才对干部职工进行农业科技培训。并对农业生产田间管理进行全程技术指导，为农场现代农业发展提供科技支撑。

5. 逐步建立起适用于现代企业经营生产的劳动用工制度和激励制度

国有农场积极落实"科技兴农、人才强企"战略，切实加强了干部和骨干人才队伍的建设，推进"三项制度"改革，创新劳动用工制度。

第一，建立并持续完善了新型劳动用工制度。实行全员劳动合同制管理，管理人员实行一年一聘制，经理层成员全部实行任期制和契约化管理。建立干部能上能下、职工能进能出、工资能增能减的动态调整机制。对职能部室和工作单位人员配置、岗位设置、职责划分进行优化调整，厘清权责边界，压实工作责任，严格日常考核，工作质量和效率明显提升。

第二，创新了干部薪酬考核兑现制度。大幅提高绩效工资权重，丰富工资构成内容，全面实行工作例会制度，强化日常考核、过程监督，将薪酬兑现与考核结果和经营效益牢牢挂钩，有效调动了管理人员的积极性、主动性和责任心。

第三，持续加大人才引进力度。本着以高素质干部职工队伍推动企业高质量发展的基本思路，国有农场高度重视人才引进培养使用工作，下功夫改善农场生产生活环境条件，制定务实管用的引人留人一系列措施办法，全面改善管理人员食宿条件和精神文化生活，建立优秀年轻干部常态化选拔任用机制，农场干部梯队建设特别是骨干人才队伍建设取得明显成效，逐步破解了农场发展人才瓶颈，用人压力逐步缓解，干部梯队结构明显优化，综合素质能力明显提升。

第四，为职工提供必要的社会保障。国有农场及时足额上缴职工社保费，干部职工"五险一金"等社会保障制度落实全覆盖，农场劳动关系和谐、干群关系密切、生产生活秩序良好。

6. 筑强板、补短板，持续提升农场产业生产效率和竞争力

农场属纯农业种植企业，树立农垦"一盘棋"思想，整合优势资源，对接农垦产业链，集中精力做大做强整个产业链条上属于自己的关键一环，是发挥主体优势、提升产业竞争力、实现高质量发展的重要途径。依托这一理念，国有农场积极发挥农垦企业优势，培育壮大主导产业，积极拓展产业链，提升农业生产技术水平和劳动效率，推动企业持续向好发展。

第一，精心培育壮大主导种植产业。经过不懈努力，各农场已基本较为稳定，且具备较强市场竞争力和较高价值收益率的种植产业结构。同时，不断探索新种植品种的扩展，丰富种植结构，提升农场竞争力，

加强土地轮种制度。

第二，不断提升农业生产现代化水平。国有农场坚持以现代物质条件装备农业，配套完善生产经营全过程各环节设施设备，持续提升现代农业发展装备水平，加快推进农业机械化、规模化、组织化、标准化进程。深入实施"三大一化""三统一化"战略举措，推进绿色化、信息化、智能化"三化改造"。

第三，合理布局，标准化生产，提升农业生产效率。国有农场坚持从市场端入手谋划布局作物种植结构，实现种植效益最大化。深入开展耕地质量保护提升行动，确保农场耕地资源可持续利用，提高耕地产出能力和产出效益，夯实农场生存发展的根基。高度重视和加强农业科技创新，组织开展对标提升活动，提炼总结成功技术经验，修订主导作物栽培技术规程，推动农机具更新换代，田间管理标准化、精细化程度显著提升。

第四，积极开拓市场，提升产品市场认可度。国有农场不断探索，补齐市场营销短板，增强市场商品意识、产品质量品牌意识，充分发挥地区农业生产比较优势，增强市场核心竞争力，多措并举防范化解生产经营风险，积极发展订单生产经营，为大宗农产品统一销售提供保证。

第五，拓展产业形态，实现产业融合发展。探索推进文旅产业发展，利用农场自然环境、种植资源、农垦文化、知青文化特色，积极谋划与当地政府文旅产业发展的合作，建设通场公路、场史馆、游客接待中心、观景台、停车场等配套设施，为提升农业附加值、拓展增收渠道、带动三大产业融合发展创造条件。

（二）国有农场企业化转型的区域制约因素

1. 生态资源脆弱，农业生产面临较大挑战

中国幅员辽阔，有很多国有农场在开垦时都是环境相对恶劣的地区，农业生产条件较差尤其地处西部地区的国有农场，海拔高、光热资源不足、水资源十分匮乏、生态环境十分脆弱等客观环境对农业生产制约更为突出。

第一，水资源问题是制约各农场发展的普遍问题，尤其对于所处高海拔地区的国有农场，生态环境更为脆弱，地下水资源保护尤为重要。为能有效应对水资源制约，国有农场需要建设高标准农田、走现代节水农业之路。但目前，高标准农田建设项目财政投资少、配套资金多，导致企业承接项目存在很大困难，工程

标准质量上不去。

第二，地方政府对农场用水限制较大，企地间水资源分配矛盾突出。按照农村所处自然条件，多数地处生态脆弱地区的国有农场均以节水作物为主要耕种对象，但要实现饱和生产，每亩地所需用水量仍然给当地带来较大压力，政府在分配用水量上对农场的限制制约了农场提升生产能力和扩大产品种类。

第三，农场地区自然灾害频繁，霜冻、冰雹、洪水等自然灾害给农场生产带来不可预知的风险。目前，生态脆弱地区农场应对自然灾害的技术手段和基础设施都不完备，自然灾害、市场波动、疫情变化等难预料因素的明显增多，给农场生产经营带来更多不确定性，经营决策难度加大，农场持续健康稳步发展面临诸多困难和挑战。

2. 农场产业抗风险性不足，生产经营面临较大不确定性

后发地区国有农场地处高寒、高原地区，光照充足、昼夜温差大，具备生产高原、高寒经济作物的先天自然条件，但同时也限制了农场适宜耕作的作物种类。

第一，产品相对单一，且抗风险能力不足。目前

农产品普遍受市场价格波动的影响较大，且市场预期极不稳定，投资经营风险加大，农村职工生产经营心理压力和思想顾虑较大，给扩大生产和实现规模化生产带来困难。

第二，种植作物可替代性较强，限制了利润率的提升。作为农垦企业，国有农场积极发挥农业带动作用，通过农业示范、农技服务等途径，带动了周边农民生产。周边农民在农场带动下也相继耕作农场作物，显著提升了市场供给量，一定程度地挤占了农场市场份额，降低了农场作物的议价能力。

第三，农资市场波动大，加剧了农业生产的市场风险。农资等生产要素的市场价格涨幅较大，不断挤占利润空间，使得职工增收、企业增效难度加大。尤其对于耕作作物，受市场波动影响大，收益不稳定，加之投入要素受市场波动大，成本不确定，双重压力下的农业生产抗风险能力进一步被削弱，农场不得不随时关注市场动向而做出及时应对，扩大生产的难度进一步加大。

3. 市场化思维有待加强，产品市场认可度有待提升

农场企业化改革发展起步较晚，思路理念、实践经验、配套设施等还不完全适应市场经济发展要求，销售

渠道窄、终端市场少、产品附加值低等问题突出，市场营销能力存在明显短板。

第一，国有农场产品还未形成具有影响力的品牌效应。因为产品特性、市场波动和轮耕需求，国有农场土地种植作物经常变动，这虽然能够有效降低市场风险，保护土地肥力，但也造成主导产品规模不足、市场占用不持续的问题。与此同时，周边可替代产品相对丰富，农场自身产量扩充也面临挑战，都使得国有农场种植产业很难形成稳定的持续增长的市场需求，这给农场扩大经营规模带来了困难。

第二，国有农场所产农作物普遍具有绿色认证、品质优秀特性，但如果市场认可度低，产品高附加值的特点则不能很好地转化为市场需求。因此，要明确自身定位，强化宣传，瞄准中高端市场，加大宣传力度和物流体系建设，争取能够形成稳定的供给渠道。

4. 企地间存在协调发展的问题，地方政府的支持有待提升

长期以来形成的农垦与地方隔离的"二元体制"，深刻影响了要素和资源的有效合理配置，人为造成农垦与地方社会服务和社会福利的不均衡结构，不利于一个地区的统筹协调发展。这既是长期遗留下来的历

史矛盾，也是当前农垦企业市场化改革面临的当地营商环境问题。尤其对于财政紧张的当地政府，在响应国家政策、支持农垦企业改革中，往往存在政策执行的强制性与保障落地的缺位性之间的矛盾。尤其是后发地区，农场所处地区财政压力较大，对于农场的支持十分有限。

第一，响应国家政策，国有农场已将"三供一业"等企业办社会职能全部移交地方政府管理，但受当地政府财政资金不足等因素的影响，服务保障跟进不及时、质量上不去，职工群众反响较大。

第二，因为"二元体制"的存在，当地政府在农业支持方面，更加偏重地方农业发展，一定程度上给农垦企业的发展带来不利影响。尤其是当地政府在落实国家乡村振兴战略和支持"三农"等普惠性政策上，农场被边缘化的问题依然存在，包括下拨资金的支持、配套供水供电等，往往会倾向于地方农业的发展。农村在申请支农资金、配套设施方面会遇到较大阻力。

第三，国有农场土地确权与地方政府利益可能存在冲突。受当地行政区划地界争议的影响，尚未确权登记发证。与地方政府，包括军队的协调比较困难。地方政府往往没有动力协调，却掌握了土地确权发证的资格，使得国有农场未确权土地确权推进比较困难。

（三）推动农垦企业与地方经济
包容、协同发展

1. 创新农村经营形式，逐步扩大统一经营土地面积

整合资源要素，充分发挥农垦产业战略联盟作用，持续创新农垦产业经营模式，提升农垦企业生产效率。

第一，在保障现有职工及租赁土地农户有稳定耕种土地和收入来源的基础上，逐步执行"退休退耕"政策。同时，通过土地流转与返聘劳动等形式，将周边农户租赁土地逐步流转入农垦企业统一经营，不断扩大统一经营土地面积，通过标准化、规模化、精细化耕作，提升农场的生产效率和产品质量。

第二，在确保职工家庭农场种植经营基础地位的同时，创新农业生产经营组织形式，在农垦系统层面出台相关政策鼓励支持发展混合所有制经济，以开放、包容、共享的态度，以投融资、参持股等多样化形式分配利益，联合、整合各类资源和投资主体，发展经济共同体和利益捆绑链，鼓励扶持培育物资供应、仓储物流、科技服务、农产品销售等专业化经营型、服务型项目团队。

2. 提升农业科技含量，以现代信息技术应对市场风险

第一，应发挥农垦国有企业的优势，顶层设计、统一部署，带动各地方农场推进农业科技体制改革，整合垦区系统人才、技术资源，建立新型农业科技创新体系。

第二，紧跟信息化时代技术，依托互联网、大数据技术，加强农业信息基础设施建设和数据库建设，提升农业批发市场行情、农业科技成果、农业综合信息、农业政策、招商引资等信息的整合能力，招聘相关专业人才，对市场信息等数据进行综合分析，及时获取市场行情变动情况，降低市场波动对农业生产带来的风险。同时，建立气象、水文等数据库，切实强化信息采集和分类整理，及时应对自然灾害给农业生产带来的不利影响，提升生态环境脆弱地区农业生产抵抗自然灾害的能力。

第三，农垦企业应同时具备国有企业的社会责任担当，充分发挥系统引导作用，加速科技成果的转化，普及信息技术知识，通过各种途径将信息有效地送到基层农场，真正发挥信息资源共享作用。在垦区建立农业技术推广机构，抓好公益性技术推广工作，逐步

建立起承担经营性服务和公益性职能的农业技术推广
体系。

3. 最大限度地发挥农垦企业的农业带动和服务功能，实现地区包容性发展

作为国有企业，农垦企业在经营生产中不仅要实现经济效益的最大化，也应注重通过农业示范作用，带动周边农户共同富裕，提升地区农业产业水平。同时，注重通过规模化、精细化生产，实现农业集约化生产，在实现节水减排的基础上，保护了当地脆弱的生态环境。农垦企业应明确自身定位：保卫国家粮食安全和重要农产品有效供给的国家队、中国特色新型农业现代化的示范区、对外农业合作的排头兵、安边固疆的稳定器。对于黑土洼农场，尤其应注重前两项职责。

第一，在保证自身生产有序开展、利润有效兑现的前提下，积极融入地企协同发展，通过农业示范作用带动周边农户增产增效。同时，发挥国有企业技术优势，为农户生产提供必要的农技服务，逐步使地区农产品生产形成合力，并逐步推广标准化经营，实现农场生产与地方农业协同发展。

第二，发挥国有企业优势，通过技术推广、农机

服务、田间养护培训，推动农业生产集约化发展。一是为培训农户提供标准化耕种的技术，提升农民人力资本，既能提升农户收入，也可以扩大农场农技服务面积，进而实现农业服务专业化、规模化。二是通过标准化、规模化生产技术的推广，农户可以得到农场直接的技术外溢与服务，提升种植效率。农场也可以通过提供农机等技术的供应增加服务收入，同时提升农机使用效率。三是大力推广节水灌溉技术，不仅对当地生态保护具有重要意义，也能有效缓解企地间的用水矛盾，使农场能够争取更多的水资源配给，为农场扩大生产规模提供保障。

4. 协调企地关系，实现农垦企业与地区经济的协同发展

国有农场企业化改革进程中始终存在的"二元体制"是造成农垦企业与地方政府间利益矛盾的重要因素。对于经济较为发达的地方政府，这一矛盾相对缓和；而对于甘肃农垦的多数农场而言，所处地方的政府财政都比较紧张，生产资源也不够充足，因此企业得到地方政府的支持十分有限，同时地方政府可能存在与企业争利的现象。面对这一局面，农场应打开发展思路，不能仅着眼于企业的自身发展，也要从农垦

企业定位出发，积极融入地方政府发展中，与政府形成合力，通过带动地方政府发展而实现自身的发展。

第一，企业应加大对地方农业的带动示范作用，并为周边农业生产提供必要的服务和技术指导，推广标准化、规模化、精细化生产，使得地方农业与农场农业形成合力。这样，农垦企业在发展自身的同时，也带动了地方经济的建设，提升了地方财政收入水平，进而能够反哺农垦企业；农垦企业与周边农户生产逐步形成合力，地方政府在提升农业发展水平的同时，很难将农垦企业割裂开。

第二，在与农垦企业达成协同发展的前提下，地方政府应该加强对农垦企业的支持力度。其一，省级行政单位应从全局出发，进一步完善农业社会化服务体系相关的法律、法规，强化农业社会化服务体系建设的法律保障，为农业服务组织的健康发展创造有利的前提条件，以确保农业社会化服务体系的构建和科学运行。其二，农场所在地政府应加大扶持力度，研究制定更具操作性、可行性和时效性的支持农业社会化服务体系建设的行政、财政、税收等方面的优惠政策，理顺服务体系内外关系，对重要农业生产资料储备设施建设、发展专业合作经济组织、提供信息服务等方面给予更多的政策优惠和资金扶持。

五　发挥国有农场规模化标准化生产优势，带动后发地区农业发展

（一）国有农场企业化改革路径分析

近年来，农垦企业国有农场紧紧围绕"党建引领、企地融合、机械化作业、规模化种植、产业化经营、智能化管理，打造国内一流现代农业企业"的经营理念，坚持党建引领高质量发展，以规模化种植、产业化经营为重心，以机械化作业、智能化管理为支撑，借力企地融合发展，走上了持续健康发展的快车道。

1. 建立起适应现代化市场的企业制度

第一，国有农场已全面推进企业体制改革。按照农垦企业化改革要求，国有各农场相继完成了公司制改制任务。根据公司章程，健全完善了公司"三会一

层"机构、机制，修订完善了董事会、经理层决策事项清单和董事会规范运作办法，建立健全对董事会重大事项决策合规性审查、董事会决议跟踪落实及会后评估等制度，构建起既有公司特点又符合现代企业发展要求的制度体系。

第二，国有农场正逐步落实国企改革任务，不断完善公司治理机制。对照中央、地方下达的企业改革任务，国有农场制定印发了改革要点及任务合账、农场深化改革实施方案等政策性文件，确定了改革的施工图、路线表，按要求落实各项改革任务，相继完成了各项改革，通过了省农垦集团的评估验收。

第三，国有农场推行了经理层成员任期制和契约化管理，激发企业主体活力。按照农垦集团经理层成员任期制和契约化管理要求，国有农场相继完成了公司及各分公司经理层岗位聘任协议和年度经营业绩责任书签订等工作，全面实现了公司两级经理层的契约化管理。

第四，国有农场已建立起现代化企业的组织管理架构。为适应公司体制改革的新形势，国有农场整合职能部门，成立产业部门以及子公司管理机构，实行财务统一管理，经营单独核算。

2. 建立起适应现代农业生产经营的管理体制

第一，国有农场已基本厘清企业土地资源，理顺土地管理工作。国有农场积极推动土地确权工作，与地方土地管理部门对接，确权发证，进一步明确了农垦企业国有土地性质、所有权及使用权、经营权，杜绝了企业国有土地资源的流失。制定完善了土地管理制度，规范了一类耕地的种植经营，厘清了种植土地人员与企业的关系，对各类人员种植一类耕地要求和标准进行了完善规范，确保企业耕地规范有效的利用。

第二，国有农场逐步明确耕种土地规模，细化耕地管理办法。国有农场相继明确了承包性家庭农场（一类耕地）、开发性家庭农场（二类耕地）面积。截至目前，通过流转二类土地和返租一类土地，集约整合农场职工退休退出耕地，增加农场统一经营土地面积。与此同时，国有农场严格执行退休退地原则，并对退出的耕地进行集约整合，由农场统一经营。并对对外承包的流转大户，按照省农垦集团公司土地管理的规定履行报批程序。

第三，国有农场明确了土地承包经营权限，优化了土地分配制度。为解决一类土地长期分配不均的问题，各国有农场相继制定了土地管理实施办法，对职工及非职工承包（租赁）一类土地重新分配做了明确要求，所享受分配土地人员范围为农场在职职工和长期在农场辖区内居住且近两年以来主要以租赁公司土地（仅限一类土地）为主要生活来源的职工（包括职工家属、子女及其他居民）及非职工，分配基本耕地，并收取一定租金。二类土地按照实际经营面积，职工、职工子女及家属等农场内部人员承包经营，外来人员承包租金原则高于职工。

3. 建立起适应现代劳工市场的用工制度

第一，建立起适应现代化企业生产经营的劳动用工管理制度。国有农场制定完善了一系列劳动用工管理制度，形成了以劳动合同管理为核心、以岗位履职考核为依据的劳动用工管理制度。公开招聘大专院校毕业生和专业技术人员，并切实加强劳动合同和岗位合同管理，全面推行用工市场化，保证岗位合同及劳动合同签订率。完成了经理层成员任期制和契约化管理改革。

第二，形成了科学规范、有效管用的选人用人机制。国有农场制定完善了农场工作人员管理办法和管理干部选拔任用规程等制度，通过调整成立产业部门，调整整合职能部门，调整选拔政治过硬、年富力强，在基层单位工作多年，生产管理经验丰富，表现出色、进取心强，有担当、能负责的干部到职能部门、产业部门和分公司工作，保证了农场生产经营工作的顺利推进。

第三，制定了合理的、具有激励性的薪酬绩效考核管理办法。国有农场建立以岗位、业绩贡献为依据的薪酬管理体系，对农场管理人员实行绩效考核。

第四，根据农场实际，科学合理地统筹职工社会保险。一线种植职工统一缴纳"五险"（城镇职工养老保险、医疗保险、工伤保险、失业保险、生育保险），管理岗位统一缴纳"五险一金"（城镇职工养老保险、医疗保险、工伤保险、失业保险、生育保险与住房公积金）。

4. 建立起适应市场竞争的农业生产体系

第一，农业基础设施不断完善。"十三五"以来，国有农场通过"三大一化"全面推行大条田、耕地膜下滴灌设施农业和"水肥一体化"栽培技术，土地资源和现代设施农业优势得到充分发挥，为土地集约化经营、规模化生产创造了条件。

第二，主导产业优势逐渐显现。以龙头企业为依托，大力发展特色、优势农业种植规模；逐年扩大耕种规模和丰富作物品种，建设优质农产品生产基地，区域产业优势逐步显现。通过主导产业基地的发展，有力支撑了职工增收、企业增效。

第三，推行标准化生产初见成效。国有农场农机合作社农机服务水平全面提升，改造加工大机械，通过惠农资金、公司补贴等方式引导职工购买小型农机参与合作，在部分农机上配备安装了"北斗"导航系统，在垦区内全面推行标准化机械作业；规范主栽作物栽培技术规程，在田间管理中，落实了"统一供应大宗生产资料、统一供种、统一灌水定额、统一病虫害防治、统一销售"的"五统一"管理标准。

第四，农业机械化进程快速推进。通过体制改革、经营模式转变、投资更新设备，调整管理人员等措施，国有农场农机合作社综合作业能力和盈利能力不断增强。大农机作业已覆盖农场主要作物的耕、种、管、收全过程，农业生产全程机械化的条件日趋成熟。

第五，统一经营形成规模。通过土地流转、让利返租整合承包性耕地等方式，国有农场完成一类土地高价返租流转，实现统一土地经营、统一技术规程、统一农资经营的"三统一化"经营，有效提升了土地资源利用率，最大限度地实现了经营效益最大化，发挥了统筹兼顾企业、职工利益，实现双赢的作用。成立产业部门进行团队种植经营，并不断扩大团队经营种植面积。通过产业部团队经营，促进了公司产业化发展，也在本地区优质饲草料供给中占据了主导地位，对稳定本地区农业生产、辐射带动本地区农业发展起到了积极作用。

第六，农业科技水平不断提升。国有农场围绕主导产业发展成立农业科技推广部门，加强了农业科技人员配备，开展了主栽作物新品种引进、标准化栽培技术、病虫害绿色普防、新型肥料提质增产等试验示范推广项目，为农场主导产业标准化生产和节本增效提供了科学依据。与此同时，国有农场积极与所在地区水务局、农业农村局联合开展不同作物节水灌溉栽培试验，为今后地区科学合理利用水资源、实现节本增效提供理论依据。国有农场重视农业机械研发工作，改进升级农产品初加工机械，使初加工成本大幅降低，出成率及质量进一步提高；不断研发农业机械，改变传统的人工耕种方式，逐步实现农业生产全流程机械化，同时也极大地降低了生产成本和安全风险。

（二）后发地区国有农场企业化改革中面临的挑战

1. 上下游产品开发不足，产业链难以形成规模

国有农场总体产业链延伸比较完整且具备一定的

抗风险能力，目前已经形成各具特色的农业种植产业，兼顾畜牧养殖业和蔬菜种植业，成立一批龙头企业，既延伸了产业链，也平滑了农业的波动性风险。但就产业多样化而言，国有农场目前主导产业虽然具有较强的区域竞争优势，但产业相对单一。农场收入受市场行情影响较大，行业市场出现的巨大波动，往往给农场主导产业带来较大影响，甚至出现亏损。目前，国有农场也在积极拓展种植作物，但种植面积仍然较小、种植体系不成规模，未能做大规模化、精细化种植面积，市场效应尚未显现。其主要原因是产品销路无法有效保障，市场风险较大，规模化生产的机械设备和人员技术还未配套。这都给国有农场产业链延伸带来一定的困难。

2. 产品知名度不高，品牌开发有待提升

当前，国有农场所形成的主导产品主要面对农垦企业内部。一方面，产品供应以满足自身产业发展及农垦企业内部农业发展所需农产品为主，对外销售也主要供应农场周边地区养殖户；另一方面，供应则以本地市场为核心，辐射甘肃省部分地区，全国知名度较低。这一方面是自身产量所限，生产规模不足以支持其开展全国战略；另一方面也是市场开发不足。产

品质量高与市场份额低的矛盾，已经成为全国各农垦企业普遍面临的重要问题。从传统国有企业转变而来的农垦企业，其适应现代化企业经营管理的制度、模式和活动都有待提升，国有企业相对僵化的发展思路和企业领导层相对保守的发展思路是限制国有农场品牌影响力提升的桎梏之一。而高品质产品背后是规模化、精细化生产的投入，无论从产品品质还是生产成本而言，都应该具有更高的市场价值和产品附加值。品牌知名度有限、市场认可度不高而导致的产品市场份额难以提升，放大了农垦企业产品价格不具备市场竞争力的劣势，也影响了企业扩大市场的能力。以金昌农场旗下奶业品牌为例，其主要集中于当地市场的供应，而甘肃农垦成立的"甘味"品牌推广也有待提升，对甘肃农垦各子品牌的推广带动能力有限。这就使得金昌农场扩大鲜奶生产规模面临较大的市场风险，尤其在 2023 年全国牛奶市场波动的情况下，受到的影响更为明显。

3. 社会职能的剥离和改革工作受地区经济发展水平影响较大

自办社会职能移交工作开展以来，国有农场已向当地政府移交部分职能，但仍有部分社会职能还未移交。截至目前，国有农场仍承担的社会职能工作主要有以下五个方面。一是民政工作，主要有低保、高龄补贴、临时救助等工作。二是居民工作，主要有居民养老保险、医疗保险、大病救助等工作。三是残联工作，主要有残疾人补贴、年检等工作。四是社会综治工作，主要有社会综治、政法、消防、维稳、反邪教等工作。五是"三供一业"移交后遗留工作。因地方政府未在农场辖区成立街道或社区，农场也没有完善的污水排放及处理系统，职工群众的生活等污水无序排放，导致人居环境污染严重；生活垃圾不能及时清运的问题时有存在，农场区的职工群众意见较大；基础设施管护没有专人负责，道路、路灯、供水管网井盖破损无人整修；农场居民区冬季供暖温度不达标，给农场职工日常生活带来较大困扰。

（三）发挥国有大农场优势，
带动地区农业发展

1. 发挥国有农场在产品质量和生产标准上的优势，持续提升种植优势

第一，要推动主导产业发展，形成区域农业优势。以打造垦区现代农业板块为契机，着力推进粮食、特

药、饲草料主导产业发展。统一管理模式，完善栽培技术措施，强化病虫害防控，落实各项安全措施和责任，稳步推进特药产业发展。充分利用金昌农场得天独厚的自然条件、机械化水平、管理体系等优势，与本地龙头企业协作，以紫花苜蓿、饲用玉米等优质牧草为主攻方向，加快饲草产业基地建设步伐，在扩规模、提质量、增效益、促发展上狠下功夫。发挥金昌农场现代设施农业优势，加快耕地质量保护与提升、污染修复、化肥农药减量、有机肥替代、生物防控等技术应用，全面提升农作物秸秆、畜禽粪污、废旧地膜等农业废弃资源利用技术，打造节水设施农业、绿色循环农业。

第二，要推进标准化生产，增加产业规模效益。积极探索和学习借鉴作物精准灌溉成功经验，不断完善统一经营作物的栽培技术规程，建立以数据分析和共享为核心的农业科技信息化平台，不断推进主栽作物标准化生产。制定作物病虫害绿色普防标准，使各种作物病虫害统一普防达到全覆盖。加大机械装备研发力度，针对制约主导产业发展因素，持续推进特药产品初加工设备、特药产品收割机械改进升级和智能收割机械试验研发工作。加快特药安防设施改造升级和标准化建设，建立以指挥中心数字化、信息化、智能化管理为核心，全区域双围栏，全程视频监控的安防设施标准化建设，实现节本增效。

2. 发挥机械化、智能化、精细化的统一经营优势，突出规模经营效益

第一，要发挥机械化作用，解决劳动力不足的问题，降低生产经营成本。持续推动技术先进农机具的更新，进一步提升农机合作社综合作业实力，通过多方拓展作业面积，提高机车使用效率，不断增强盈利能力。继续加大农业机械化技术攻关力度，不断提升机械化作业的精准度，促进其智能化、高效化，建立健全农机农艺融合作业模式，最终实现主栽作物种植全程机械化。

第二，要发挥智慧农业作用，提高生产效率，实现节本增效。以微喷灌技术的成功应用和节水灌溉智能管控的各试验示范为先导，加大农业新技术、新设施、新装备的引进应用。逐步推广农业机械北斗导航系统等智能化、精准化操作技术的应用，提高农机作业效率。加快土地、机井等生产资源和人力资源的电子档案管理系统建设，建立农场农业信息和科技信息综合平台，逐步实现企业公共信息资源的全面供应。

第三，要推行精细化管理，解决粗管放管问题，

实现提质增效。通过推进精量播种、配方施肥、精准灌溉、统一收割等管理措施和技术推广，实现农业生产播种、施肥、灌水、植保、收获各环节的精细化管控，确保农产品高产、高效、优质。加大以产业部为主的专业化管理团队建设，通过专业管理运作，实现土地统一规范经营、专业精细管理，以此促进劳动力向二三产业有序流动，职工家庭农场通过经营权入股分红、土地租金、务工输出、发展养殖、服务业等方式多元化增收。

3. 激发主业优势，完善产业体系，形成品牌效应

国有农场要全面树立抓项目强产业、抓经济促发展的鲜明导向，以产业链协同发展和内强外拓延链补链为抓手，加大力度推动项目建设。

第一，在拓宽优势产业、延伸产业链方面，着力加快农产品加工生产建设项目实施进度，确保项目如期高质量建成并发挥效益，延伸产业链条，提升农产品附加值。实现对农产品的统购统销，不断增加农场经济收入，同时也示范带动职工发展，为职工群众拓宽增收渠道。

第二，在补强优势产业生产方面，要全力推进高标准农田改造提升项目建设任务进度，以项目建设为

引擎，进一步助推农场持续健康高质量发展。对改造后农田实行统一经营管理，实现标准化、精细化、规模化生产，扩大优势产品的种植规模，提升农场生产能力。

第三，在形成品牌效应方面，要依托农场优势产业，合理规划，加强市场宣传力度，强化农垦企业高品质产品的特性，形成市场认知度，以提供高质量产品为牵引强化市场的认可度，逐步建立具有区域影响力和全国竞争力的知名品牌。

4. 加强企地融合发展，形成农场与地方协调发展合力

第一，要积极与地方政府协调，将农场发展纳入地方经济社会事业发展的战略和总体规划之中，促进农场生产与地方农业发展、乡村振兴、共同致富有机结合，实现农场经济与地方经济一体化发展。

第二，要积极与地方政府协调，全面向地方移交民政、居民、残联及社会综治等方面遗留的企业办社会职能。提议并协调在农场辖区内成立居民社区委员会，协助政府部门做好相关业务工作，促进农场社会事业的快速发展。

第三，要与地方政府共同探索完善"政府搭平

台、农村建基地、农场建龙头"的共建模式，鼓励政府在提升现代农业基础装备水平、质量兴农等政策、项目和资金落实上适度向农场倾斜，合理调整农场农业配水及耕种面积压减等政策，加快推动农场现代农业产业、生产、经营体系建设，通过示范改造提升周边农村设施装备条件（方向是大条田、大农机、现代高效节水设施农业产业化、"水肥一体化"技术）。在此基础上，发挥农场在现代农业建设方面的体制优势、管理优势和组织优势，立足新兴的饲草料产业，通过土地流转等多种形式，与地方共建产业龙头企业，实行"统一作物种植、统一农机作业、统一技术规程、统一农产品销售"管理模式，实现企业和地方互惠共赢。

第四，要积极与地方政府协调，打破企地区域界限，探索建立"大区域"和"大格局"发展模式，按照"统筹规划、区域合作、协调发展"的原则，把农场纳入地方区域经济社会发展大棋盘中。在环境治理、交通道路、园林绿化、生产生活基础设施改造提升、文化建设、旅游项目建设等方面实行一体化战略，统一规划、统一建设、统一政策，同步实施，实行均等化和全覆盖，推动企地城乡一体化。

（四）国有农场企业化改革典型
案例分析：金昌农场

甘肃农垦金昌农场有限公司（以下简称"金昌农场"）前身是甘肃省国营八一农场，于 1958 年由兰州军区 800 余名转业军官组建。先后经历了"四场合一"（即合并地方国营农场）和"军垦十年"（1964—1974年）等重大历史时期。其间，通过接受服役期满的义务兵，当地农民，河南、济南、兰州等地的支边青年等人员，组成了农场第一代建设者队伍。他们以"艰苦奋斗、勇于开拓"的垦荒牛精神，爬冰卧雪、战天斗地，奠定了农场的基础。改革开放后，农场全面推行职工家庭农场承包经营责任制，掀起了经济发展的热潮，并不断发展壮大，形成了农、工、商、矿、运三大产业齐全的综合企业。

1. 公司制改革及组织架构调整

近年来，金昌农场对标《金昌农场深化改革三年行动实施方案》，稳步推进农场公司制改革。制定了《公司制改制实施方案》，并于 2020 年 8 月顺利完成公司制改制任务，健全完善了公司"三会一层"机构、人员、机制。同时，农场对照集团公司下达的企业改革任务，制定印发了《金昌农场 2021 年改革要点及任务台账》和《金昌农场深化改革三年行动实施方案（2020—2022 年）》，制定了农场三年企业化改革路线图，并于 2022 年 6 月底前完成了各项改革，通过了集团的验收工作。为适应公司化体制改革新形势，金昌农场撤销了原天生坑分场和小井子分场机关内设机构，整合组建了公司机关 11 个职能部门，成立了 15 个产业部门以及天生坑、小井子分公司两个管理机构，除农机合作社外，实行财务统一管理，经营单独核算；将原有 24 个生产队撤并整合成立了 11 个作业区，2022 年优化为 7 个作业区。

2. 农业经营管理体制改革

金昌农场于 2019 年完成了企业土地确权工作，确权面积 33.57 万亩，地方土地管理部门确权发证 10 宗，进一步明确了农垦企业国有土地性质；制定完善了《甘肃农垦金昌农场有限公司土地管理制度（试行）》等土地管理制度。2023 年，金昌农场有可耕种土地 12.54 万亩，其中承包性家庭农场（一类耕地）5.1 万亩，开发性家庭农场（二类耕地）7.44 万亩。截至目前，以 650 元/亩至 700 元/亩的价格累计流转二类土地 0.25 万亩（减后面积），以 850 元/亩价格返租一类土地 2.3 万亩，集约整合公司职工退休退出耕地 2.8 万亩，使公司统一经营土地面积达到 5.35 万亩。为解决一类土地长期分配不均的问题，公司于 2019 年 12 月制定了《国营八一农场进一步规范一类土地管理实施办法》，对职工及非职工承包（租赁）一类土地重新分配做了明确要求，职工人均分配 30 亩，非职工人均分配 20 亩均按照 215 元/亩的标准进行收费。二类土地按照实际经营面积，职工、职工子女及家属等公司内部人员承包经营费为 112 元/亩，外来种植人员为 212 元/亩。

3. 劳动用工企业化改革

为适应企业化的劳动用工体系，金昌农场制定完善了《甘肃农垦金昌农场有限公司劳动用工管理办法（试行）》等劳动用工管理制度，2020 年以来公开招聘大专院校毕业生和专业技术人员 31 人，岗位合同及劳动合同签订率均为 100%。完成了经理层成员任期制和契约化管理改革，目前实行任期制和契约化管理的经理层成员共 18 人，实行任期制和契约化管理的经理层成员人数占比为 100%。实行任期制和契约化管理的企业户数共 4 户，占需实行的企业总户数的 100%。制定完善了金昌农场《工作人员管理办法》和《中层管理干部选拔任用规程》等制度，形成了科学规范、有效管用的选人用人机制。2020 年以来公司调整成立 15 个产业部门，调整整合 6 个职能部门。修订完善《甘肃农垦金昌农场有限公司薪酬与绩效考核管理办法》《甘肃农垦金昌农场有限公司领导班子副职薪酬与绩效考核管理办法》。2022 年公司纳入全员绩效考核的企业共 4 户，占当年需纳入绩效考核企业总户数的 100%。截至 2023 年 3 月底，金昌农场共有职工 812 人，均正常缴纳职工社会保险。从 2020 年开始，农场按照地方医保部门要求，补缴退休职工医疗保险费。截至 2023 年 3 月底，共补缴退休职工医疗保险费 279.96 万元，确保了退休人员医疗保险待遇的正常享受。

4. 形成产业化发展新格局

"十三五"以来，金昌农场通过"三大一化"实施建成大条田面积 12 万亩，实现耕地面积膜下滴灌设施农业和"水肥一体化"栽培技术全覆盖。以庄园瑞嘉、天牧龙头乳业为依托，建成优质紫花苜蓿基地 1.18 万亩（全部为留床苜蓿），新建秋播苜蓿 0.55 万亩。青贮玉米种植逐年扩大，2022 年种植面积达到

3.95 万亩，完成了建设优质饲草基地 5.5 万亩的重点任务，已成为本地区优质饲草的主要生产地，区域产业优势逐步显现。2022 年农机合作社改造加工大型精量播种机械 5 台，通过惠农资金、公司补贴等方式引导职工购买小型精量播种机 20 台，并在 25 台作业机械上配备安装了"北斗"导航系统，青贮玉米完成标准化机械作业 1.8 万亩。金农农机合作社综合作业能力和盈利能力不断增强，2022 年盈利 329.64 万元，年综合作业面积保持在 31.1 万亩。2020 年、2021 年两年完成一类土地高价返租流转 2.42 万亩，"三统一化"经营面积 6.47 万亩，成立饲草产业部门 13 个，团队经营种植面积达到 1.96 万亩。

六 资本市场激发农企活力，
为农业现代化注入新动能
——亚盛股份调研报告

  社会资本是全面推进乡村振兴、加快农业农村现代化的重要支撑力量。《社会资本投资农业农村指引（2021 年）》指出，立足当前农业农村新形势新要求，各农业部门应积极引导社会资本聚焦农业供给侧结构性改革和乡村建设的重点领域、关键环节，促进农业农村经济转型升级。重点领域包括现代种养业、现代种业、乡村富民产业和农产品加工流通业等。甘肃农垦集团将原有农场的优质资产注入甘肃亚盛实业（集团）股份有限公司，以资本化运作的方式带动社会资本促进农业现代化发展。

  甘肃亚盛实业（集团）股份有限公司（以下简称"亚盛集团"）为一家以丰富的土地资源为基础，集农作物种植、农产品加工、农业技术研发、农业服务、商贸流通为一体的大型现代农业企业集团。主要生产经营牧草、啤酒花、马铃薯、果品、辣椒、玉米种子、香辛料、食葵等农产品及节水灌溉设备。公司于 1995年 12 月成立，1997 年 8 月在上海证券交易所挂牌上市（股票名称：亚盛集团，A 股代码：600108），总股本为 194691 万股，总资产为 85 亿元，年营业收入为 30亿元。[①] 甘肃亚盛集团下辖 14 家分公司、11 家全资子公司、1 家控股子公司和 1 家参股公司。

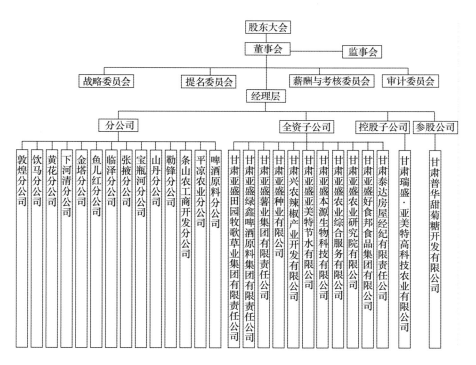

图 6-1　甘肃亚盛实业（集团）股份有限公司组织架构

---

①　本段内容来自甘肃亚盛实业（集团）股份有限公司网站：yasheng.com.cn。

（一）农垦企业市场化运营路径分析

1. 甘肃亚盛种业有限公司市场化运营路径分析

粮食是社稷之本，种业是粮食之基。习近平总书记在看望参加政协会议的农业界、社会福利和社会保障界委员时强调："种源安全关系到国家安全，必须下决心把我国种业搞上去，实现种业科技自立自强、种源自主可控。"① 中国饭碗装中国粮食，唯有把种子牢牢攥在自己手中，才能确保饭碗牢牢端在自己手里。中国粮食紧平衡的格局短期内难以改变，粮食需求仍然呈刚性增长态势。在耕地有限的基础上，优化种子是必由之路。种子是粮食之基，良种在促进粮食增产方面具有十分关键的作用。党中央在强调粮食安全的基础上，把种源安全提升到关系国家安全的战略高度，正是为了从源头上破难题、补短板、强优势、控风险，保证14亿多中国人吃得越来越好。甘肃农垦集团发挥国有农场体制机制优势，集中全农垦集团范围内的种业研发培育资源，以甘肃亚盛实业（集团）股份有限公司全资组建甘肃亚盛种业有限公司，为提升国家种

---

① 《习近平同志〈论科技自立自强〉主要篇目介绍》，《人民日报》2023年5月29日第2版。

业研发水平、构筑种业安全防线做出了突出贡献。

2020 年 8 月，甘肃亚盛（实业）集团股份有限公司投资 1.2 亿元组建亚盛种业有限公司，同年整合农垦种业资源，收购了甘肃农垦良种有限责任公司和甘肃亚盛种业黄羊河有限责任公司 100% 的股权。2022 年 1 月，注册成立甘肃中垦玉种业有限公司。2023 年 3 月，注册成立亚盛种业高台有限公司，完成张掖区域布局。2022 年 8 月，注册成立甘肃亚盛种业集团种子研究院有限公司，强化科技创新及新品种选育能力。亚盛种业有限公司自成立以来，立足国家粮食安全战略布局，以种子产业作为构建公司现代农业体系的重要源头，充分发挥垦区产业化、规模化、集约化优势，高效利用垦区独特气候条件、资源优势、产业基础，通过机制创新、品种培育、服务优化、产业链优化，构建以市场为导向、以基地为依托、以产品为支撑，产研学相结合、育繁推一体化、产供销一条龙的现代种业公司。目前，其是甘肃省玉米制种基地最稳定的种子生产企业，是甘肃省实现玉米制种全程机械化最高的企业，同时也是甘肃省种业企业效益最好的企业之一。2021 年公司总资产为 1.77 亿元，主营业务收入为 1.47 亿元，净利润为 686.55 万元，经营状况良好。

（1）主抓粮食安全，玉米制种产业规模初现

亚盛种业有限公司的四家生产型子公司均分布在河西走廊，河西走廊作为国家玉米杂交种最佳生产区，下辖的张掖市及张掖市的临泽县、甘州区、高台县，武威市的古浪县、凉州区，酒泉市的肃州区，金昌市的永昌县，1市7县区在2013年被农业部认定为国家级杂交玉米制种基地，良好的区位优势为亚盛种业有限公司制种的发展提供了坚实的基础。目前亚盛种业有限公司已建成高标准现代化玉米制种生产基地5.3万亩，建成2个配套玉米杂交种现代化加工中心，拥有3条包括玉米果穗直收扒皮、穗选、烘干、脱粒在内的流水作业加工线，3条包括种子复式清选、分级包衣、自动分装、智能防串货等在内的现代化小包装种子流水作业线。

（2）种质禀赋储量丰富，以自主创新稳步提升种业研发能力

种质资源又叫品种资源或遗传资源。根据《种子法》第七十四条规定，种质资源是指选育新品种的基础材料，包括植物的栽培种、野生种的繁殖材料以及利用上述繁殖材料人工创造的各种植物的遗传材料。亚盛种业有限公司现有玉米种质资源15600多份，其中主要包含瑞德群、旅系群、黄早四群、兰卡斯特群、苏湾群、ID群、78599类群等，同时引进了国外SS、

NSS 等新的种群类型。经过多年的种质资源创新改良，现有核心玉米种质资源 42 份，不同类群改良稳定自交系 3800 多份。核心种质资源已经开始启动国家新品种植物保护权提请程序。并且公司与甘肃省农科院、山西农业大学、江苏连云港市农科院签订了长期战略合作协议，与多家高等院校、科研单位、民营育种家建立了长期的产学研合作关系，有力保障了市场需求的后续品种资源。此外，公司还与亚盛农业研究院共同建设转基因育种实验室，聘请甘肃农业大学赵长增教授开启了转基因育种项目，不断加快转基因品种研发进程，为国家放开转基因生产经营储备品种资源。

　　亚盛种业有限公司在玉米新品种选育方面以"稳定大西北，进攻黄淮海，发展东华北、拓展大西南"为基本思路，以"自主选育、合作开发、买断经营"等为主要模式。公司现有科研人员 18 人，其中拥有高级职称的有 2 人，拥有硕士学历的有 7 人，拥有本科学历的有 3 人。下辖黄淮海、东华北、西南和西北育种室，共计 4 个专业育种室。此外，公司通过租用土地的方式建立土地面积共计 782 亩的育种基地，建立 7 个核心育种站，在全国不同生态区建有 37 个育种测试站。玉米新品种、新技术研发及知识产权方面，公司已研发具有 46 个自主知识产权的玉米新品种，2023 年待审品种 2 个，在全国不同区域参试新品种 31 个，其中 13 个品种已进入生产试验，2024 年即将审定。知识产权保护新品种 3 个，发明专利 3 项、实用新型专利 14 项。相关人员先后在《中国种业》《种子》等刊物发表学术论文十余篇，先后在省科技厅完成玉米新品种垦玉 16、陇垦玉 12、垦玉 101 等 10 项成果登记。

（3）稳固自身优势，建立种业技术优势长期提升机制

亚盛种业有限公司在发展种业方面具有以下突出优势。第一，集团集约化经营项目化团队管理对制种流程进行全方位管理。通过成立项目化专业团队，对玉米制种基地进行集约化经营。统一完成从整地、播种、打药、滴水、施肥、收获等生产全过程。第二，公司实现了卫星导航播种作业。通过使用搭载卫星导航系统的直播式播种机进行播种作业，实现精量化播种，保障作业质量，提高作业效率，降低生产成本。第三，公司拥有配套先进的滴灌设施与水肥一体化技术，灵活便捷、精准进行灌溉施肥，有效提高肥料利用率，降低用水量，真正实现节水节肥增效。第四，公司经营范围内的种植区域病虫害防治由专业的农机服务团队进行作业，农药喷施均由高架打药机操作完成，作业效率高，防治效果好。第五，公司制种基地全面实现机械化收获，大面积推广应用机械化去雄，有效解决雇工难、人工成本高的生产难题。制种过程中，实现了扒皮、穗选、烘干、脱粒、精选、加工、包装流水线作业。在已有优势下，亚盛种业有限公司不断引进新技术，提升自身制种优势及能力，力求在长期市场竞争中维持优势地位。

（4）构建全国性营销网络，并持续下沉

亚盛种业有限公司以本部营销团队牵头整体规划，各子公司为销售主体的营销体系架构已初步搭建。公司立足西北市场，根据国内种子市场需求及经营品种特性，逐步向西南、黄淮海、东华北发展，通过公司营销人员行销和省级授权代理等策略，加快国内种子市场拓展，建立健全营销网络体系，在国内主要玉米种植生态区完成产业化布局。公司与北大荒垦丰种业、吉林高新种业、山东登海种业、河北沃土种业等全国50余家大中型种子企业和经销商建立了良好的生产、销售合作关系，销售区域辐射全国玉米种植4大主产区，产品覆盖18个省、自治区。营销体系架构帮助公司在各个区域内打开市场，为亚盛种业有限公司的全国化战略提供了有力支撑。

2. 亚盛集团勤锋分公司市场化运营路径分析

亚盛集团勤锋分公司是亚盛集团的分公司，亚盛集团勤锋分公司成立于 2010 年，位于甘肃省武威市民勤县。主要经营高科技农业新技术和新品种开发，农副产品（种子、种苗、粮棉除外）种植、收购、销售，红枣、枸杞水果干制品生产加工。其中，主导产业是红枣、辣椒、葵花、白瓜子。目前食葵、辣椒现已申请绿色食品质量认证，红枣已注册自己的商标"陇垦枣园"。发展方向以打造品牌为产业定位，大力调整优化产业结构，积极争取国家政策的大力扶持和项目支持，加快基础设施建设，推进城镇化建设。

　　亚盛集团勤锋分公司拥有约 2.1 万亩耕地，2022年作用种植格局大致为玉米 1.2 万亩、辣椒 5000—6000 亩、白瓜子 5000—6000 亩，小麦 300 亩。其中，种植辣椒、玉米、白瓜子、小麦的耗水量大概为 400 立方米/亩、320 立方米/亩、300 立方米/亩、300 立方米/亩。目前公司的经营模式为双层经营体制，其中，公司直接经营的耕地面积为 5300 亩，正式职工承包耕地面积为 10000 亩，非职工保留 2.5 亩/人的养老田（约 200 人，共计 500 亩）。因国家耕地保护需要，压减耕地面积 1300 亩。少量不适宜规模化经营的耕地通过租赁形式转包给非职工经营。2022 年，公司共计营收 8500 万元，利润为 400 万元。2019—2021 年的利润分别为 40 万元、200 万元和 310 万元。

（1）以规模化为优势

亚盛集团勤锋分公司遵循规模化经营理念，积极推动农业生产规模化、农业技术服务规模化、农产品购销规模化。

（2）以主导产业为抓手

亚盛集团勤锋分公司以红枣、辣椒、葵花、白瓜子产业为主导产业，在市场机制调节下，灵活选育与生产红枣、辣椒、葵花、白瓜子，力求实现企业利润的最大化和企业经营风险的最小化。

（3）以机械化为动力

亚盛集团勤锋分公司全面推进农业生产全过程机械化，从种子选育、播种、田间管理到购销环节积极推广农业机械，最大限度提升农业生产效率。

（4）以多元化经营为补充

考虑到历史因素和地区实际情况，亚盛集团勤锋分公司以市场效益为导向，创新性推行双层经营体制。一方面，以公司统一经营为目标，不断通过改革创新举措扩大公司直接经营耕地面积；另一方面，允许部分职工与非职工在公司统一领导下租赁部分土地经营。为降低农业机械投资成本，公司还与租户建立了农业机械合作社。

（二）农垦企业市场化经营面临的制约因素

1. 甘肃亚盛种业有限公司市场化经营面临的制约因素

（1）机械设备老化，成本约束凸显

亚盛种业有限公司机械设备老化体现在两个方面：种子加工机器设备陈旧和种子质量检测监控设备老化。部分种子加工机器购买时间较早，长年使用带来的设备损耗加上先进技术设备的更新迭代，现有机械加工效率难以和发达国家机械效率匹敌，导致种子加工时间和空间上的不匹配。受限于产能约束，公司不得不采取露天晾晒和租赁其他企业机械设备等方式进行部分种子加工工序，不仅加大了企业日常经营强度，还导致企业生产成本进一步上升。种子质量检测监控设备老化原因与种子加工机器相近，高昂的单价导致在短期内企业难以对设备进行及时更新。使用时间过长导致种子质量检测监控设备监控效率有所下降，最终产品的质量也有一定下滑，一定程度上影响了亚盛种业有限公司种子在产品市场上的竞争力。

（2）育种创新能力不足，技术人才优势有待提升

亚盛种业有限公司育种创新能力较低，育种条件

有限。由于商业化的育、繁、推种业体系才刚起步，公司投入自主创新和产品研发的资金有限，只能优先用于核心育种技术研发，对于其他方面的创新投入不足。并且由于起步晚的因素，公司科技项目储备不足，一定程度上陷入缺乏有价值项目研究的窘境。除此之外，科技成果转化不足、优质种子推广普及率受限也成为限制亚盛种业有限公司育种创新能力进一步提升的瓶颈。育种人才方面，由于种业研发基地远离核心城市，生活条件艰苦加之当前经营规模有限，一方面难以满足专业人才的物质生活需求，另一方面在短期内也难以实现大的突破，高端技术人才"引不进，留不住"问题始终困扰着公司的进一步发展。

2. 亚盛集团勤锋分公司市场化经营面临的制约因素

（1）农业用水不足是最大制约因素

亚盛集团勤锋分公司所处的武威是甘肃省辖地级市，位于河西走廊东端。南北长 326 千米，东西宽 204 千米，总面积为 3.23 万平方千米。武威地势呈西高东低，属温带大陆性干旱气候。多年平均水资源总量 14.94 亿平方米，人均水资源量 819 平方米。年平均日照时数 2876.9 小时，年平均蒸发量 2163.6 毫米。历年平均降水量 113.2—407.1 毫米，受地形和海拔高度影响，降水由南向北逐渐递减，南部多于北部，山区多于川区，乌鞘岭最多，民勤盆地最少。月份、季度之间的降雨情况差异十分明显，其中以整个第三季度降雨尤为量大，全年占比约 3/5。总体来看，武威市水资源供需矛盾非常突出。

（2）粮食安全与企业效益难以有效协同

习近平总书记在党的二十大报告中指出："全方位夯实粮食安全根基，全面落实粮食安全党政同责，牢牢守住十八亿亩耕地红线，逐步把永久基本农田全部建成高标准农田，深入实施种业振兴行动，强化农业科技和装备支撑，健全种粮农民收益保障机制和主产区利益补偿机制，确保中国人的饭碗牢牢端在自己手中。"[①] 这是居安思危的深长考量，是对世情国情农情的深彻洞察，也是一个大党大国大局的深远谋划。

《中共中央 国务院关于进一步推进农垦改革发展的意见》明确指出，建立健全适应市场经济要求、充满活力、富有效率的管理体制和经营机制，打造一批

---

① 习近平：《高举中国特色社会主义伟大旗帜 为全面建设社会主义现代化国家而团结奋斗——在中国共产党第二十次全国代表大会上的报告》，人民出版社 2022 年版。

具有国际竞争力的现代农业企业集团。作为企业，亚盛集团勤锋分公司首先需要做到的就是自负盈亏、争取效益，不断做大做强现代农业。但是，在亚盛集团勤锋分公司生产实践中，公司不仅需要接受甘肃农垦集团的领导，同时还会接到地方政府的农业生产经营指标任务。譬如，从市场经济效益来看，亚盛集团勤锋分公司最有市场效益的作物是辣椒，然而，在粮食安全战略指导下，民勤县要求亚盛集团勤锋分公司必须种植超过 1.2 万亩玉米，占整个公司耕地面积的57%，致使公司辣椒种植面积仅仅维持在 5000 亩左右。

（3）订单农业稳定性有待提升

农户种植农产品，都会遇到农产品滞销的问题，这是因为传统的产销模式是"先生产、后销售"。而随着社会发展，农业生产主体发生了改变，"公司+农户"的模式帮助了许多农户发家致富，为解决农产品滞销问题，订单农业横空出世。订单农业相当于一种期货贸易，是一种比较有效、市场化的产销模式，可以避免盲目生产，同时农户的收益也有一定保障。亚盛集团勤锋分公司目前与四川省小型辣酱制作企业达成合作，订单销售量约占公司辣椒年产总量的50%左右。总体而言，目前亚盛集团勤锋分公司订单农业发展规模相对较小，合作形式较为单一，难以支撑主导产业辣椒的规模化经营。

（4）公司自有经营土地较少，难以发挥规模化经营优势

《中共中央　国务院关于进一步推进农垦改革发展的意见》指出，要以推进企业规模化、统一化经营作为改革目标，不断通过各种合理途径将国有农场土地流转至公司统一经营，充分发挥现代农业的规模化、机械化、统一经营优势。但是，目前亚盛集团勤锋分公司自有经营土地仅有5300亩，职工承包土地约1万亩，非职工保留养老田2.5亩/人，合计约5000亩，地方政府要求压减耕地约1300亩。

（三）提振农垦企业发展活力，加速推进农业现代化进程

1. 提振亚盛种业有限公司发展活力

（1）立足长期发展，巩固制种优势

巩固制种优势，既要从甘肃农垦层面统一着手，统筹条山、武威、张掖、临泽土地资源，逐步扩大公司在河西制种核心区域的良种繁育基地面积，在总体规模上建立优势；又要以亚盛种业有限公司为核心，在张掖市甘州区、临泽县、高台县等区域通过流转土

地、订单方式落实良种繁育基地面积，发挥专业制种企业的技术优势。发挥国有农场的示范效应，逐步推广现有的干播湿出技术、全生育期滴灌和水肥一体化技术，实施全程机械化作业，加之秸秆还田和瘠薄土地增施有机肥等措施改良土壤，以专业化技术团队引领整个地区的农业技术发展，将良种繁育基地建设成集示范性、展示性、效益性、规模性、循环性与生态性于一体的国家级良种繁育基地。预计在景泰武威、张掖等地建立良种繁育基地 8 万亩，实现亚盛种业有限公司进一步发展。

种业质量检测关乎亚盛种业有限公司的企业名誉和经营命脉，需在全企业范围内持续加强种业质量检测。亚盛种业有限公司拟建设一个达到行业内高标准的质量检测中心，既可以满足亚盛种业有限公司自主生产的各类农作物种子质量检验检测，同时也可将剩余检测能力向市场输出，承担农业行政主管部门委托的监督抽查检验任务及其他企业委托检验工作，向全国开展种子的纯度、净度、发芽率、含水量、重量、生活力和健康状况等项目的检测工作。面向全国的检测工作不仅可以利用好检测中心的剩余产能，同时也可以积累丰富的种质资源，他山之石，可以攻玉，吸收其他企业在种业研发方面的先进经验进行集成再创新。

（2）搭平台建机制聚人才，提升种业创新能力

首先是以现有资源为中心，加快选育具有自主知识产权和应用前景好的新品种，目前亚盛种业有限公司拟定在各个地区成立5个课题组，结合地区实际研发新品种。其次是加强育种站点建设，拟订在景泰、武威、张掖分别建立育种站。其中张掖育种站定位为集科研、示范、观摩于一体的高标准育种站，目标是建设成为种业公司的育种展示窗口，以此带动集团种业的发展。再次是加强与科研院所的联系，参与甘肃玉米种业研究院的研究建设。通过与甘肃玉米种业研究院联合开展科学研究和技术创新，培养专业技术人才，实现研发成果利益共享，支撑公司产业发展。然后是加强与甘肃省同类制种企业合作，积极参与到甘肃省玉米种质资源创新与育繁推一体化企业创新联合体中，围绕西北玉米种源抗旱耐密丰产、机械粒收等关键技术需求，培育高产优质、节水耐瘠机械粒收的玉米新品种。最后是进一步提升种质资源充裕度，持续征集各类优良品种并在全国范围内开展多点试验，筛选出优势组合后予以买断后并由公司参试报审。

（3）强化技术支撑，更新迭代机械设备

一方面整合亚盛种业有限公司现有加工设施设备，将配套经营农作物种子的收获、烘干、精选、分装等

流水作业加工设备及现代化的小包装加工分装生产线进行统一协调管理，加强种子加工流程中的流畅度，减少因为沟通协调失效导致的"摩擦性运营中断"。另一方面，发挥亚盛种业有限公司跨地广阔的现有优势，加强新设备新技术的引入。亚盛种业有限公司拟定在白银景泰、武威黄羊河、张掖市区分别建成 3 个大型现代化种子加工中心，在引进购买先进的农业设施设备的同时引进现代化的储藏及物流管理系统，实现种子全产业链布局，进一步保证种子质量，降低生产经营风险，增强亚盛种业有限公司的盈利能力。

2. 提振亚盛集团勤锋分公司发展活力

（1）创新经营理念，探索合作经营新方式

寻找更加优质稳定的合作企业，形成更加稳定的订单农业与合作网络。包括鼓励合作企业直接参与经营、投资经营、技术入股、资金入股等形式，增强农场与合作企业的粘连性。目前亚盛集团勤锋分公司实行的是最简单的"生产＋订单"的合作模式，考虑到合作企业生产规模及品牌知名度不足，种植的辣椒销售问题一直是制约公司提高经济效益的关键瓶颈。一方面，可以考虑参考黄羊河农场的"共同投入、共同生产经营、利润对半分配"的复合型合作模式，创新

合作经营方式，不断拓展更加优质的大品牌客户，支持合作企业深入参与农产经营，成为利益共同体。另一方面，考虑借鉴数字技术发展优势，积极推进建设电商、批发商和地头零售合成的销售网络，结合产业链中产品的特点以及当地特点，雇用专门的营销团队，制定个性化的营销宣传方式，拍摄制作一些有特色的短视频带货，为特色产品带去巨大流量。

（2）强化统一经营目标导向，推进农业适度规模经营

创新职工与非职工退地模式与举措，扩大公司直接生产经营耕地面积，实现更高规模化、更大机械化的经营目标。因历史发展等客观因素制约，目前亚盛集团勤锋分公司统一经营的耕地面积为 5300 亩，不到亚盛集团勤锋分公司土地面积的 25%，大量土地零碎出租极大地制约了现代农业发展。下一步参考先进农垦企业退地统一经营经验，不断扩大企业统一经营面积，是实现企业转型发展的关键一环。中央在农垦企业改革发展意见中多次指出，坚持适度规模，既要防止土地碎片化，也要防止土地过度集中。坚持职工自主自愿，保障职工自愿联合、自由进出，做到引导不强迫、支持不包办、服务不干预。完善就业支持和职工社会保障机制，继续推动富余劳动力转移，逐步减少对土地资源的依赖。

（3）加强体制机制建设，为主导产业松绑

做强做优主导产业。根据罗斯托的观点，主导产业是指能够依靠科技进步或创新获得新的生产函数，能够通过快于其他产品的"不合比例增长"的作用有效地带动其他相关产业快速发展的产业或产业群。他认为，作为主导产业，它应同时具备如下三个特征：能够依托科技进步或创新，引入新的生产函数；能够形成持续高速的增长率；具有较强的扩放效应，对其他产业乃至所有产业的增长起着决定性的影响。亚盛集团勤锋分公司选择辣椒产业作为其主导产业，取得良好经济效益。未来还需要进一步从需求侧、供给侧和制度建设方面进一步优化主导产业发展环境。具体而言，对于需求侧，亚盛集团勤锋分公司要不断拓展优质合作客户，深化"农企+"的合作模式，形成一批稳定优质的合作企业，建立健全稳定的销售网络。对于供给侧，亚盛集团勤锋分公司要从育种、田间管理、采摘、保鲜等各维度做好辣椒品控工作，为企业提供优质且具有竞争力的产品。对于制度建设层面而言，甘肃农垦集团应努力协调地方政府，为亚盛集团勤锋分公司辣椒种植提供水资源、耕地资源及制度保障等方面支持，帮助亚盛集团勤锋分公司辣椒种植做强做优。

（4）建立健全容错纠错机制，激发企业家精神

2018 年 5 月，中共中央办公厅印发了《关于进一步激励广大干部新时代新担当新作为的意见》，对建立激励机制和容错纠错机制，进一步激励广大干部新时代新担当新作为提出明确要求。人是有限理性的动物，面对纷繁复杂的情况，干部在干事创业过程中难免会出现失误。习近平总书记指出，"干事业总是有风险的，不能期望每一项工作只成功不失败"。① 倘若不充分考虑实际情况，"一刀切"式地处理所有出现错误的干部，不但会削弱干部的工作积极性，还有可能使其产生怕困难不为、怕出事不为、怕犯错不为、怕担责不为等思想。因此，笔者认为，需要从多方面入手进一步健全容错纠错机制。农垦国有企业由于体制机制设计缘故，制约了企业家精神的实现。农场领导想干事、不敢干事的问题始终存在，考虑建立健全容错纠错机制，激发国有农产企业家精神，是振兴国有农场企业的制胜法宝。

---

① 中共中央办公厅：《关于进一步激励广大干部新时代新担当新作为的意见》，人民出版社 2018 年版。

后　记

    2005 年 9 月底，我开始在中国社会科学院工业经济研究所工作。国有企业改革一直以来都是工经所研究重点，工业经济研究所针对国有企业改革的研究一直勇立潮头，甚至可以说是独领风骚 40 年！

    2020 年，一个偶然的机缘，我们开始针对国有农业企业（农垦企业）进行研究。我们发现，目前农垦企业同时面临工业企业不同改革阶段所面临的困难与挑战。国有农场的企业化改革、办社会职能的分离仅是在 2019 年才基本完成，而同时国有农场又面临要做大、做强，提升国际竞争力的要求。我们观察到，发展较好的农场都注重三次产业的融合发展，千方百计把更多的增值环节留在农场。因而工经所在国有企业改革、产业发展与融合方面的学术积累可以有助于我们进行针对国有农业企业改革与发展的研究。

　　2021 年 10 月，中国社会科学院工业经济研究所调研组前往江苏农垦调研，江苏农垦"五统一"做法和经验得到了调研组一致的充分肯定；但调研组也有疑虑，作为中国经济最为发达的省份之一，江苏农垦的实践经验能否供其他地区借鉴。2023 年工业经济研究所研究团队分别又对海南农垦、甘肃农垦和安徽农垦进行了调研。

　　本报告的主体部分是 2023 年 4 月工经所调研组在甘肃农垦调研其所属的五个农场和一个专业化公司的调研报告，这五个农场分别是条山农场、黄羊河农场、黑土洼农场、金昌农场和勤锋农场，专业化公司是亚盛股份。当然，由于调研时间较短，我们的调研还十分不充分，大体还处于走马观花的阶段。但通过调研，调研组有一个基本的共识，以粮食生产为主体的国有农场可以通过不断加强统一经营的程度，来提升生产效率，进而实现绿色可持续的发展；国有农场是破解"谁来种田""怎样种田"命题的有效抓手；由于中国生产力水平与 40 年前相比发生了翻天覆地的变化，因而中国农业改革推进要与中国现实的生产力水平相适应，而国有农场在其中必将发挥更加重要的作用。

　　从 2005 年进入工业经济研究所以来，我们的团队已经发表了十余篇关于国有企业改革的文章，在最近出版的新书《国有企业定位、效率与贡献》中，我谈到针对国有企业，"我们研究的画卷才徐徐展开"，这份报告也算是我们研究画卷中关于农垦企业的大写意吧；我也期待将来有机会针对国有农业企业画一幅工笔画。

本书各章作者如下：第一章，李钢；第二章，熊昭；第三章，张子翰；第四、第五章，秦宇；第六章，熊昭、袁华锡、梁泳梅。

最后，感谢中国社会科学出版社智库成果出版中心的喻苗主任，是她的热心、耐心与细心，使我们的报告能与大家见面。

李　钢

2023 年 7 月 15 日

李钢，博士，中国社会科学院大学应用经济学院教授、博士生导师，中国社会科学院工业经济研究所研究员，《中国经济学人》副主编，中国社会科学院中国产业与企业竞争力研究中心副主任。在《中国社会科学》《世界经济》《中国工业经济》《经济管理》等刊物发表论文 60 余篇，其中十余篇被《新华文摘》《中国社会科学文摘》等收录转载；出版著作 14 本。主持国家社科基金重大项目等多项国家级项目。从 2005 年开始参与创办英文学术刊物 China Economist，并担任创刊编辑部主任；该期刊多次获得国家社科基金中华学术外译项目资助。

熊昭，中国社会科学院大学博士研究生。主要研究方向包括国有企业、装备制造业发展。在《经济学家》期刊发表论文。作为主要参与人参与多项国家级课题，撰写多篇研究报告。

秦宇，经济学博士，中国社会科学院工业经济研究所助理研究员，《中国经济学人》编辑部编辑，主要从事产业发展、人力资本投资等相关研究。近年来在《数量经济技术经济研究》《经济与管理研究》《中央财经大学学报》《财贸研究》《企业经济》《财经智库》《中国科技论坛》等刊物发表论文多篇，主持国家社科基金青年项目、中国社会科学院青年社会调查项目、中国社会科学院中非合作研究项目等，并作为主要参与人参与多项国家级课题的申请及研究工作。

梁泳梅，经济学博士，现为中国社会科学院工业经济研究所副研究员，中国社会科学院工业经济研究所《中国经济学人》编辑部副主任。主要研究领域为工业经济学、劳动经济学、政治经济学。在《经济研究》《中国工业经济》《世界经济》《经济管理》《中国人口科学》《经济学动态》《改革》等刊物发表论文40余篇，其中多篇被中国人民大学复印报刊资料等收录转载。主持多项国家社科基金项目、中国社会科学院国家高端智库课题、中国博士后科学基金课题等；并多次以子课题负责人身份参加国家社科基金重大项目、国家科技支撑计划项目等，以及参与商务部、工业和信息化部委托项目等多项政策研究课题。独立或合作完成多篇成果要报并被相关部门采纳，获得中国社会科学院优秀对策信息对策研究类奖。

袁华锡，管理学博士，经济学博士后，中南财经政法大学经济学院副教授，硕士研究生导师。兼任国家自然科学基金通讯评审专家、中国空间经济学专业委员会委员等。担任《中国人口·资源与环境》学术编辑，为"学术无界"公益平台创始人和负责人。研究方向为产业集聚与环境政策评估。研究成果见诸 *Ecological Economics*，*Economic Analysis and Policy*，《中国管理科学》《中国人口·资源与环境》等期刊，主持国家自然科学基金项目、教育部人文社会科学研究基金项目、中国博士后项目等 7 项，获中国管理科学学会、中国地理学会优秀论文奖等。

张子翰，中国社会科学院大学博士研究生。主要研究方向为城市经济、房地产经济和中小企业。作为主要参与人参与中国社会科学院国家高端智库、工业和信息化部等多项国家级课题的政策研究工作。